Bernd Sommer
NIOFRE
Meisterseele offenbart den Weg

Bernd Sommer

NIOFRE

Meisterseele offenbart den Weg

Unser Forum Verlag

1 Auflage : Februar 1998
Herausgeber & Herstellung :
UNSER FORUM VERLAG
Titelbild und Illustrationen :
Jani - Jerzy Ludwik Janiszewski
Copyright :
Unser Forum Verlag
Pfälzischestr. 1a
44339 Dortmund

Alle Rechte beim Autor

Printed in Germany

ISBN 3 - 9805117 - 5 - 8

Dieses Buch ist meinem geistigen Führer gewidmet
und all dennen,
die mir auf dem geistigen Wege hilfreich zur Seite stehen,
mich leiten und begleiten.

Es ist für alle Menschenkinder geschrieben,
die nach einem sinnerfülten Leben suchen
und trachten,
die an der Heilung unseres Planeten
mitwirken wollen
und die Trost und Hoffnung
aus den Weisungen von Niofre an ihrem inneren Kind finden.

Ich erhoffe und wünsche mir von ganzem Herzen,
daß sie durch diese niedergeschriebenen
Gedanken das Licht der Liebe als Hoffnung
und Trost auf ihrem Erdenweg nutzen,
und
wir uns gemeinsam durch die Weisung einer
Meisterseele geführt, eines Tages mit Freude
der Glückseligkeit im Herzen
in die Arme schließen
dürfen.

Nichts kann auf dieser Welt der Materie
dem irdischen Zerfall standhalten,
außer der Wahrheit der liebenden Worte
und Gebete,
die wir in Demut zur Heilung der Natur
in den Seelen unserer Kinder pflanzten.

In Dankbarkeit: Dein Kind in Dir.

Am Anfang war Ich, dessen Seele sich im Menschen manifestierte, um das Licht im Herzen der Gläubigen von der Dunkelheit der Unwissenheit zu trennen. Da es in dieser Zeit sehr finster ist, habe Ich mich entschlossen, meine Hilfe und Führung denen anzubieten, die den Glauben an mich noch nicht verloren haben, damit jene von mir ausgesuchten Seelen meine Gedanken als Hilfe denen weiterreichen, die es wert sind, meine heilenden Hände zu empfangen.

Heute spreche Ich zu meinem Kind, und verkünde, warum bestimmte Dinge, die es erhofft, noch nicht eingetreten sind? Weiterhin gestatte Ich meinem Kinde den Dialog mit mir, damit Ich meine Gedanken, die Ich in ihm erzeuge, über die Brücke des Lichts beantworten kann.

Dieses geschieht aus dem Grunde, weil die Menschheit ohne die Unterweisung durch meine auserwählten Seelen den Weg ins Licht verlieren, denn Sinn ihres Lebens verpassen würden.
Als Seelenbewußtsein in dir, mein Kind, erwecke Ich nun die Fragen, die dir helfen sollen, den langen Weg zur Vollkommenheit mit

Weisheit zu beschreiten. Daß dieser Weg sehr steinig, mit vielen Prüfungen, und Verzicht auf dein Ego belegt ist, denke Ich, müßtest du bereits wissen.

Nun zurück zu deiner Frage:

Es ist nicht wichtig, wann etwas passiert, sondern was passiert. Zeit ist ein Begriff, der bei mir nicht die Dimension hat, die es für die Menschheit hat, und auch ihr solltet anfangen, euch davon zu lösen.
Ich bestimme das Schicksal einer Seele und die Seele bestimmt, wann sie dieses Schicksal annimmt.

Deine Seele befindet sich im Zwiespalt mit deinem Geist. Fragen über die Richtigkeit meiner Worte beschäftigen dein Gemüt, und du suchst nach Bestätigung meines Evangeliums bei den Menschen, die du nicht findest, weil ihre Ohren taub und ihre Herzen verschlossen sind. Du steckst voller Zweifel, ob das alles wirklich wahr ist, und du hast Angst vor der Zukunft. In dir weigert sich etwas, das Werk wirklich zu erkennen und es für dich anzunehmen.

Löse dich von deinen Alltagsproblemen und gib deinen Gedanken eine neue Ebene.

Als Kind aus deinem Geist geboren, beginne ich voller Ehrfurcht die Frage, was es denn mit den Gedanken der neuen Ebene auf sich habe, die du mir als wichtiger und liebgewordener Freund als Antwort schenktest. Und die Stimme offenbarte ihren Geist, indem sie zu mir sprach:

Deine Gedanken vermischen sich noch mit deinen Alltagsproblemen. Wenn du dich davon freimachst, bist du wirklich bereit den Weg zu gehen.
Zuerst mußt du dich von deinen materialistischen Gedanken trennen.

Nicht, was du besitzt, ist wichtig, was du denkst, was du fühlst, dein Ich allein ist wichtig.

Löse dich von deinen Bindungen, allen Bindungen.

Um auf dem Gipfel eines Berges zu kommen, muß man erst durch ein Tal wandern,

doch du willst nicht durch das Tal gehen, du willst gleich zum Gipfel.

Du versucht eine Abkürzung zu nehmen, denn du willst die Prüfungen, die Ich dir auferlege, nicht vollbringen.
Es liegt an dir, denn Ich kann dir den Weg nur zeigen, gehen mußt du ihn schon selber, aber

Ich werde für dich sorgen, wenn du mir dein Vertrauen schenkst.

Wenn du bereit bist, mir dein Leben anzuvertrauen, wirst du keinen Mangel erleiden.

Es ist Sommerzeit, und im Garten sitze ich vor meinem Manuskript und brüte in Gedanken über die weisen, wahrhaftigen Worte von Niofre nach.

Es sind nicht die Sorgen um mein Leben, die mich zögern lassen, die Prüfungen über Verzicht auf alle materiellen Dinge und Gedanken loszulassen. Nein, es ist der Verzicht auf alle Bindungen, die meinem bisherigen Leben, Sinn und Ordnung gaben, die mir lieb und teuer wurden, und es ist die Angst vor der Zukunft, die mich noch in meiner Entscheidung, ob das Gesagte auch wirklich wahr ist, zögern läßt.

Es ist mir so, als hörte ich die Worte meines geistigen Bruders, als er vor nahezu zweitausend Jahren zu denen, die ihm auf seinem Wege folgen wollten, sprach:
Verkaufe alles, was du hast, verschenke es den Armen und folge mir nach.

Du, der diese Zeilen gerade mit der Begierde nach Wissen, mit geöffneten Augen, und der Sehnsucht im Herzen verschlingst, dir möchte ich meine Frage heute stellen, vielleicht, um mein eigenes Herz nicht opfern zu müssen, vielleicht auch nur, um mein Zögern rechtfertigen zu können.
Wärst du bereit, auf die Stimme deines Engels, deines Bewußtseins, oder auch deines Kindes in dir zu hören?
Wenn du auf diese Frage eine bejahende Stimme in deinem Innersten vernimmst, dann möchte ich dir für deine Entscheidung danken, denn es ist gewiß, daß du dich bereits auf dem Weg ins Licht befindest. Du wirst den nach Hilfe suchenden Seelen eine Quelle der Kraft und eine Oase der Ruhe bieten, deinen Schritt weiter festigen, und einer von wenigen sein,

die sich mit Recht als auserwählt bezeichnen darf.

Solltest du aber, liebe Seele, wie ich noch zögern, so wirst du mich heute sicherlich nicht verurteilen.

Unruhige Nächte mit wilden Traumphasen lagen hinter mir, klagende Stimmen wurden in mir erweckt, als die Gestalt von Niofre erneut in mein Bewußtsein drang und ihre Stimme sich ein offenes Ohr verschaffte.

Ich erblickte die Gestalt eines großen, stattlich anzuschauenden Dinosauriers mit zwei Gesichtern. Das eine Gesicht wie aus einem Märchenfilm, auf einer grünen bunten Blumenwiese, zufrieden mit sich und der Natur, ein genüßlich Blätter verzehrender Dino. Das andere Gesicht war furchterregend. Mit großem, weitgespreiztem Maul, schaurig anzuschauenden Zähnen, stechend bösem Blick, fauchend seine Größe und Stärke demonstrierend, hielt es nach Beute Ausschau, und sprach furchterregend:

Denn wer mich bekämpft, bekämpft das Leben und wird den Tod ernten. Denn Ich bin das Leben. Liebe alle!

Und die Stimme sprach mit mahnenden Worten einer überirdischen Gestalt weiter:

Wenn du als Führer auf einem Berge, die Schutzbefohlenen, die dir anvertraut wurden, aus deiner Hand fallen läßt, nur weil du dich vor der Macht des Bösen fürchtest, sind sie verloren. Halte deine schützenden und bewahrenden Hände über sie ausgebreitet und lasse sie auch nicht einen Augenblick allein.
Kein Ort kann sie vor dem Zugriff des Bösen beschützen, es sei denn, sie werden gehalten durch deine nach oben gerichteten, betenden Hände.

Nun, liebende Seele, die du bereits einen großen Teil meines irdischen **Auftrages** kennst oder noch fleißig weiterstudierst, sehe ich die **Zeit gekommen,** um meinem Auftrag für dich anzunehmen. Ich werde das mir zugeteilte **Schicksal** mit Hilfe eurer liebenden Gedanken ertragen, annehmen und zur Vollendung führen.
Im verdunkeltem Raum meines Schlafzimmers lag ich mit verschlossenen Augen, auf dem **Bette** ruhend, mit dem Blick zur Decke gewandt, und weilte noch ein wenig in meinem

Traum, als ich seitlich von mir ein grelles, hell leuchtendes Licht wahrnahm.

In fragenden Gedanken, welche mein Bewußtsein durchzogen, überlegte ich, was es wohl mit dieser Lichterscheinung auf sich haben könnte. Was ist es und woher kommt es, worin liegt der Sinn dieser mir realen Lichterscheinung? Als ich noch nach einer Erklärung für dieses Phänomen suchte, begann es im Takt meines Herzens zu blinken. Dieses Licht, so mußte ich feststellen, hatte eine direkte Beziehung zu meinem Herzen, zum lebendigem Herzen in meiner Brust, denn es stand in direkter Beziehung zur Herzfrequenz, und blinkte mit jedem Schlag.

Die Frequenz meines Herzens erhöhte sich in direkter Beziehung zur Frequenz der Lichtquelle, die jetzt damit begann, ihre Impulsfolge zu beschleunigen.

Es war schon ein wenig unheimlich, so gestehe ich ehrlich, und ich schweifte in meinen Gedanken zu Niofre, war sie diese wundersame Lichterscheinung?

Könnte sie als Lichtenergie, die in direkter Beziehung zu unserem Herzen steht, dieses

Flimmern auch stillstehen lassen? Ist es gar jenes Licht, das sich vielen Menschen, die das irdische Kleid wechseln, zeigt, um ihnen auf dem Weg zur anderen Ebene des Seins den Weg auszuleuchten?

Bestimmt dieses Licht über Leben und Tod, begleitet es uns im Diesseits und Jenseits?

Sind wir ein Teil von diesem Licht, belebt und erhält es unsere Einheit des Seins aus Seele und Geistkörper?

Diese Frage beantwortete Niofre, deren Name für dich aber auch anders heißen darf, mit einem klaren unverwechselbarem: So sei es.

Damit du, liebe suchende Seele, die Stufen der Erkenntnis, eine nach der anderen besteigend, mit der Weisung dieser niedergeschriebenen Zeilen den Weg der Unsterblichkeit erkennst, bete ich zum Ziel des menschlichen Suchens, von dem ich die Kraft empfangen und dessen Werkzeug ich auf dieser Erde für dich sein darf, damit wir gemeinsam all unsere Prüfungen des irdischen Lebens bestehen, damit wir wachsen, reifen und die Frucht der Liebe zur

Ernte in die Scheune der himmlischen Heimat einbringen dürfen.

Gewiß hat der Höchste den Weg einer jeden Mensch gewordenen Seele in seinem goldenen Buch vom Anfang bis zum Ende der Entwicklung mit einer kosmischen Feder aus dem Licht des Regenbogens niedergeschrieben, aber danach suchen, finden und der Bereitschaft, diesen Weg dann auch zu gehen, muß jeder für sich selber entscheiden.

Wenn die Seele bereit ist, ihren von ihm vorgezeichneten Weg mit allen Schwierigkeiten, Hindernissen und Konsequenzen anzutreten, wenn sie Verzicht auf materielle Dinge übt und darin wächst, wenn sie in der Stunde der Not, der Nacht, der Dunkelheit weder verzweifelt noch verzagt, und wenn sie täglich über Meditation und Gebet die Verbindung zum Licht des Höchsten hält, kurz, wenn sie die himmlischen Prüfungen der allumfassenden Liebe besteht, wird sie die Kraft empfangen und das Ziel der Wiedergeburt in ihrem Herzen tragen.

Diese Meisterseele, gewogen, geprüft und geläutert, wird das Volk des Allmächtigen in der neuen Zeit führen, lieben und bewahren, als leuchtender Stern den himmlischen Horizont erhellen und im Wissen der Dinge die Seinigen unterweisen.

Sturm der Gefühle

In den Herzen der Menschen ist es dunkel geworden und die Natur schlägt zurück, denn sie ist aus den Fugen der Ordnung geraten. Die Erde schüttelt sich gerade so, als wolle sie sich der Menschen, die ihr soviel Leid und Schmerz angetan haben, entledigen. Die unwissenden Menschen haben ihr Gastrecht auf diesem Planeten verloren. Das Meer steigt aus seinem Becken, um den Müll, den Abfall der Industrie, ans Ufer zu speien, denn es kann mit diesem über Hunderte von Jahren achtlos im Meer versenkten Dreck nicht mehr atmen, geschweige denn das Leben im Biotop des Wassers erhalten. Der Wind hat sich zu unkontrollierbaren Stürmen heraufgeschaukelt, um die fast schneid-bare Atemluft zu verwirbeln, und Kometen als Boten von Schicksal oder Glück haben sich als Teil aus dem Ganzen abgelöst und treiben ziellos durch das

Universum, geradeso wie Du, lieber Bruder, liebe Schwester.

Ja, zu dir, liebe Seele, die du den Weg der Unwissenheit verlassen hast, zu dir, die bereit ist, neue Lehren anzunehmen, der du mit dem Herzen die Wahrheit suchst, zu dir spreche Ich in deiner Not, um dir ein neues Ziel der Hoffnung zu schenken.
Meine Wahrheit ist Weg und Ziel zugleich, den Ich bin das Alpha und Omega, das Leben, die Liebe, die universale Kraft, das Allwissen, die Unendlichkeit, dein vollkommenes Bewußtsein, dein Gewissen und noch viel mehr.
Du, dem es dürstet nach dem Wasser des Lebens, dessen Hoffnung auf Besserung des Leidens fast erloschen ist, dessen Zweifel auf eine Schöpferkraft riesengroß ist, zu dir spreche ich in deiner großen Not, denn Ich will dich erretten vor dem Übel dieser Zeit. Ich will dich führen auf dem Weg ins Licht, in dem du die Täuschung deiner Erdgebundenheit durch Wissen und Bewußtwerdung deiner Fehler korrigieren kannst. Als Seelen-Bewußtsein spreche Ich, um dich im Wachstum zu nähren.

Sei stille und höre meine Stimme in dir!

Du möchtest wissen, wie der Weg heißt und ob du dich auf dem Pfad zu mir befindest, ob du die von mir auferlegten Prüfungen bestehen und alle Hindernisse übersteigen, bzw. wegzuräumen in der Lage bist?

So höre, mein Kind! Die Liebe ist der Weg. Doch um auf dem Gipfel eines Berges zu kommen, muß man erst durch ein Tal wandern, aber du willst nicht durch das Tal, denn du willst über Abkürzungen des Weges sofort den Gipfel ersteigen.

Der Sinn des Wortes "Tal" bedeutet für die wahrhaft Suchenden und für dich, daß du anfangen mußt, dich von allerlei Bindungen zu lösen, von allen Bindungen mußt du dich befreien. Daß dir dieses noch sehr schwer fällt, ist mir bekannt, darum bitte Ich dich, gib deinen Gedanken eine neue Ebene. Deine Gedanken halten dich fest, sie zerfließen sich noch mit deinen Alltagsproblemen, mit materiellen und familiären Dingen. Wenn du dich davon freimachst, bist du wirklich bereit, den Weg, den Ich dir über deine Aufgabe, noch ehe du geboren warst, auftrug, zu gehen.
Beginne dich zuerst von deinen materialistischen Gedanken zu trennen, nicht was du be-

sitzt, ist wichtig, was du denkst, was du fühlst, dein Ich allein ist wichtig.

Dein Ich allein heißt auch, daß du mit mir in allen Dingen eins sein sollst. Hast du dieses verstanden, mein Kind? Da deine Gedanken auch meine sind sowie meine Sorgen auch deine, bitte Ich dich, sei nicht verwirrt, und lese aufmerksam die Zeilen der Wahrheit weiter, die Ich über deine, von mir eingegebenen Gedanken niederschreiben ließ.

Du steckst noch voller Zweifel, ob das alles wirklich wahr ist, und du hast Angst vor der Zukunft. In dir weigert sich etwas, das Werk zu erkennen und es für dich anzunehmen. Du fragst dich, wann es sein wird. Du wirst erkennen, daß alle großen globalen Gedanken der Menschenkinder gleich deiner und meiner sind.

Die Zeit wird kommen, da du erkennen wirst, was ich für dich beabsichtige; denn für dich habe ich meine Lehren vorbehalten, die ganz allein die deinen sind und die Ich dir im Geheimen geben will, sobald du vorbereitet bist, sie zu empfangen.

So höre, die Zeit ist ein Begriff, der bei Mir nicht die Dimension hat, die es für die Menschen hat, und auch du solltest anfangen, dich davon zu lösen. Es ist nicht wichtig, wann etwas passiert, sondern was passiert. Wenn du guten Willens bist, so werde Ich dir die Kraft dazu geben, die niedrige Selbstsucht menschlicher Eitelkeit zu erkennen. Und so spreche Ich zu dir, mein Kind, wenn du den Weg ins Licht voranschreitest, wirst du fühlen, daß du nicht schwach bist. Was einen Menschen in seinem Vorhaben schwächt, ist sein Zögern und Zweifeln, darum gehe du den Weg, der dir von mir vorgegeben wurde. Setze deine Prioritäten anders, nicht dein Schicksal allein ist wichtig, andere Schicksale sind mit dem deinen verknüpft. Stelle die Weichen, und alles wird seinen Gang nehmen. Versuche die Dinge in einem größeren Zusammenhang zu betrachten, sieh nicht nur dein jetziges Leben, stelle die Weichen für deine Zukunft.

Höre, mein Kind, erfülle die Prüfungen, die ich dir gestellt habe, dann wird ein Ereignis kommen, auf das du schon lange gewartet hast.

Von Anbeginn der Zeit an habe Ich die Seelen, die es wert waren, am stärksten geprüft.

In der Bibel stehen die Worte:

Denn dein ist das Reich. Versuche, den Sinn dieser Worte zu ergründen und die Hilfe ist dir gewiß.

Du bist bereits ein gutes Stück deines Weges gegangen und zu gegebener Zeit wird das große Erwachen für dich eintreten, zögere, nicht ihn auch weiter zugehen.
Alle Antworten deiner Fragen trägst du in dir, und wenn du in die Tiefe deines Inneren dich versenkst, wirst du sie auch finden.
Als Ich heute dein Rufen erhörte, umgab mich große Freude, denn du hattest eine meiner Seelen den richtigen Weg gewiesen, und den Lohn dafür wirst du schon bald erhalten. Nun, liebes Kind, sehe Ich die Zeit gekommen, uns für einen besseren Dialog einen Namen zu geben.

Als Fee aus deinen Wünschen geboren, nenne ich mich "Niofre", und dich, da du noch im geistigen Wachstum stehst, schlicht und einfach "Kind".

Ich hoffe, daß du mir diese Namensgebung eingestehst. Als Kind hast du das Recht bewirkt, die ungeschminkte volle Wahrheit aus dem verborgenen Ich zu erfahren. Die Quelle der Inspiration ist für die große Verwirklichung deines Auftrages vorbereitet, und Ich "Niofre" bin in dein Bewußtsein geschickt worden, um dich zu lehren, woran du nicht glaubst.

Als mein Kind darfst du mich, von deiner Wißbegierde getrieben, fragen, was dein Herz in dieser Zeit bewegt, und wenn du reif genug für die Antwort bist, werde Ich sie dir über die Brücke reichen. Es liegt an mir, wann, wie und wodurch Ich mit dir in Kontakt treten werde, denn es gibt für mein Erscheinen keine bestimmte Ordnung oder Regel, die eingehalten werden muß.

Niofre, welche Kraft hat der Löwenschädel, der mir einst über einen lieben Menschen von einem Medizinmann als Geschenk gemacht wurde? Worin liegt der Sinn und die Bedeutung dieses Symbols und warum ist Erdgeruch ihm nahe?

Es sind gleich eine Menge Fragen, die du mir stellst, mein Kind, doch Ich will versuchen, mit deinen Worten dir eine befriedigende Antwort zu erteilen.

Der Löwenschädel ist das Symbol der Medizinmänner für die Kraft. Eine Kraft, die dich auf den richtigen Weg führen soll. Eine Kraft, die dich erreichen lassen soll, was du zu erreichen gedenkst bzw. willst. Der Löwenschädel ist aber auch das Symbol des Glückes und wurde dir deswegen gegeben. Durch ihn wirst du die Kraft bekommen, die du woanders nicht bekommen kannst. Es ist eine andere Kraft, als die du kennst.

Diese Kraft wirst du schon bald in dir wahrnehmen, und sie wird in dir eine Energie aufbauen, die du bisher nicht gekannt hast. Sie wird dir zu Frieden, Ruhe, Sicherheit, Willensstärke und mutigem Handeln verhelfen. Glaube an die Kraft des Löwen, und sie wird dein Wesen verändern. Du wirst mit der Stärke eines Löwen dein Ziel verfolgen, kämpfen und den Sieg davontragen. Deine Feinde, die Unwissenheit wirst du bezwingen und umkehren.

Wenn du bereit bist, wird der Rubin im Schädel des Löwen (drittes Auge) dich in die Tiefe führen und dir den Weg zeigen.

Gehe nicht den Weg, den die Masse der Menschheit in ihrer Gier und ihrem Egoismus als vollkommen heißt.

Verurteile die Einstellung der Menschen zu mir nicht, sondern bedenke trotz aller Nöte, Armut und Unvollkommenheit in ihrer Herzensbildung sind auch ihre Seelen wertvoll und gut.
Siehe auch in dem sogenannten schlechten Menschen das Gute.
Die Veränderungen, mein Kind, die in deiner Zukunft liegen, sind folgende: Du wirst dich von einigen Dingen lösen müssen, und wenn die Zeit gekommen ist, wirst du es fühlen und wissen

Sage mir bitte, Niofre, wie kann ich meine zweifelnden Gedanken abbauen?

Indem du glaubst, mein Kind, an die Liebe und an deine Wünsche! Mit deiner von mir verliehenen Fähigkeit wirst du die Menschheit verändern. Wenn das Bewußtsein der Menschen wächst, sie sich verändern, klarer sehen und ihr Blick nicht mehr trüb ist, werde Ich sie zu dir führen. Du mußt Geduld haben. Die Weisheit unter den Menschen muß erst langsam wachsen, bevor sie zu der Einsicht kommen, daß ihr Denken und Handeln falsch ist. Es wird der Tag kommen, wo die Erde sich auftut, und die Menschheit den Boden unter den Füßen verliert, dann werden sie nach jeder Hilfe suchen, die sie bekommen können.

Eines Tages wird mein Weg deiner sein, und du wirst weise sein, vollkommen werden.

Begib dich jetzt auf den Weg, zögere keinen Augenblick, hab keine Angst vor allen Dingen.

Ich liebe dich, sei gehorsam!

Wenn die Zeit gekommen ist, werde Ich zu dir reden, und du wirst meine Stimme hören. Das bedeutet aber nicht, daß du mich auch sehen wirst, denn etwas mußt du noch lernen, aber Ich werde es dir sagen, wenn die Zeit dafür reif ist

Als ich für die Suchenden diesen Text niederschrieb, verspürte ich ein Gefühl der Sehnsucht in mir, das ich in dieser Stärke niemals zuvor wahrgenommen habe.

Niofre, erkläre mir bitte dieses Gefühl. Was ist Sehnsucht?

Höre, mein Kind, laß es dir einmal so erklären: Wenn das Vollkommene, zwei sich liebende Herzen getrennt werden, entsteht die Sehnsucht, geradeso wie zwischen Mutter und Kind oder Vater und Sohn.

Die Liebe vibriert in ihren Herzen und die Sehnsucht brennt und schneidet sie in kleine Stücke. Je tiefer die Liebe in ihren Herzen brennt, desto tiefer schneidet sie kleine Stücke. Die Stücke sind nur die Verletzung der Seele nach der Liebe des anderen.

Mein Verlangen, dich, liebes Kind, zur Vollkommenheit zu leiten, zum Ganzen mit deinen Geschwistern zu bewegen, ist vom Gefühl der Sehnsucht begleitet.

Du wirst dich verwirklichen und das tun, wozu du geboren bist. Deine Befürchtungen und Ängste, die du noch aufweist, sind vollkommen sinnlos, denn Ich führe dich sowieso durch dein jetziges Leben. Alles, was du tust, wird von mir geleitet.

Verliere deine Furcht und lerne zu vertrauen, dir selbst und anderen. Glaube an die Wirklichkeit deines Wunsches. Versinke in deinen Gefühlen und laß ihnen freien Lauf, dann wirst du bei mir sein und mich in deinem Innersten spüren.

Entscheide nichts mit Gewalt, denn so du mit aller Macht etwas herbeirufen möchtest, steckt darin eine ganze Portion Gewalt, und diese

Gewalt war noch niemals ein guter Wegbereiter. Bedenke immer, wozu du bestimmt bist.

Bitte male in deinem Zentrum auf eine freie Wand einen Regenbogen, denn er ist das Symbol für das, was nicht da ist und doch ist.

Niofre, sage mir bitte den Einfluß des Mondes auf das irdische Leben?

Sei achtsam, mein Kind! Der Mond ist genauso eine Energiequelle wie die Sonne. Man schöpft aus ihr Kraft. Durch das Licht, welches der Mond auf diese Erde wirft, entstehen Schwingungen, die zur Kommunikation mit anderen Wesen dienlich sind. Doch dieses Wissen werde Ich dir zu einer anderen Zeit übermitteln, denn heute bist du dafür noch nicht reif.

Wie es im Jenseits auf meiner Ebene aussieht, willst du wissen?
Nun ja, sie sieht so aus, wie du sie dir vorstellst.

Die Angst um die Zukunft der Kinder dieser Welt wächst ständig, darum möchte ich gerne von dir wissen, ob sich die Konfliktsituation auf dieser Erde über kriegerische Auseinandersetzungen weiter zuspitzt?

Ich sehe mir das noch eine Weile an, und wenn die Menschheit ihr Bewußtsein nicht ändert, und es nicht anders verstehen will, werde Ich es geschehen lassen. Es wird aus dem Grunde geschehen, damit die Menschheit erkennt, wie sinnlos dieses Aufeinanderstoßen ist.

Die Gläubigen möchten gerne von Dir erfahren, welche Bitten bei dir Gehör finden und wie du unser Bitten empfängst?

Du weißt es genau, zweifle nicht immer an dir selbst und glaube an dich.
Jeder von euch hat eine Aufgabe und einen Lernprozeß. Wenn du alles so genau wissen möchtest, brauchte Ich dir ja keine Aufgabe zu geben und könnte alles selber erledigen. Jeden Abend höre Ich euch zu. Ich höre euch auch über den Tag. Manchmal schimpfen die Menschenseelen im Zorn mit mir und machen mich wütend. Wenn Ich wütend bin, erledige Ich die Dinge sofort, damit andere Sachen nicht in Vergessenheit geraten. Manchmal ist es auch

gut für die Menschenseelen einmal wütend zu werden, dann vergessen sie nicht alles, und Ich weiß, wie intensiv jemand betet, mich um etwas bittet.

Was muß ich heute und für die Zukunft wissen?

Du mußt ruhiger werden und gezielter an deine Arbeit gehen, an jegliche Arbeit. Dein Bewußtsein verändern, wacher werden, und dich von niemanden einschüchtern und unterdrükken lassen. Bedenke immer, du bist eine eigene Persönlichkeit, und nur du hast dein Leben zu verantworten.
Alles, was du tust, geschieht durch mich, und Ich werde es gut heißen, was Ich nicht für gut heiße, wirst du in einem anderen Leben aufarbeiten müssen.
Vergleiche und wäge ab, welches Ziel du dir auch immer setzt, du wirst es nur dann erreichen, wenn du es wirklich willst, wenn du an dich glaubst und dafür kämpfst wie ein Tier.
Siehe deine Angst als Steine an, nimm sie und pflastere deinen Weg damit und vergiß nicht, du gehörst mir. Alles was du tust, fühlst und denkst, bin Ich.

Ich liebe dich, hab keine Angst.

Niofre, heute am 30.03.1997 erblickte ich im nördlichen klaren Sternenhimmel den Superkometen, nach ihren Entdeckern "Halle-Bopp" genannt. Worin liegt der Sinn im Erscheinen dieses gigantischen Himmelskörpers?

Höre, mein Kind, er ist ein Teil vom Ganzen, ein Teil, das sich abgelöst hat und noch ziellos durch das Universum treibt, so ziellos wie einige deiner Brüder und Schwestern. Wenn sie die Ruhe und den Frieden in sich gefunden haben, werden sie seßhaft werden, es kann allerdings auch geschehen, daß sie dann Unrecht begehen oder Unglück bringen, weil es eine erzwungene Ruhe und Liebe ist.
Das gleiche kann mit diesem Planeten geschehen, denn er schwirrt ruhig und ziellos durch das Universum und sucht sich einen Halt, um seßhaft zu werden.

Die Hopi-Indianer weissagten vor langer Zeit dieses Ereignis voraus, das Erscheinen dieses Kometen soll auf die Endzeit des irdischen Lebens hindeuten und auf das Erscheinen eines neuen Messias hinweisen. Welche Wahrheit liegt in dieser Prophezeiung?

Ich sagte es dir, so wird es geschehen! Doch ob ihr es noch erlebt, stelle Ich in Frage. Die Befürchtung ist, daß es dann keine Erde mehr geben wird, oder eine andere Welt mit einem neuen Messias.

Höre mein Sohn:

Schon einmal sah diese Erde aus wie ein Felsen, es gab nur wenig Wasser, dafür war die Luft sehr rein. Das Wasser war nicht verdorben, die Erde war nicht sehr grün, jedoch gesund.

Auf dieser Welt lebte einst ein Messias und du kennst die Geschichte. Diese Welt war glücklich, und die Menschen, die zu diesem Zeitpunkt lebten, waren füreinander da. Sie teilten Freud und Leid und sie teilten sich das Glück, die Arbeit und auch das Brot.

Heute ist der Egoismus so weit fortgeschritten, daß niemand dem anderen auch nur noch die Beachtung schenkt. Wenn dieses so weitergeht, sehe Ich keinen anderen Ausweg, außer den, die Zeit zurückzudrehen, und es wird wieder so sein wie damals.

Wer war oder ist der Messias?

Du weißt es. Drehe die Zeit ganz weit zurück.

Ich bin der Vater.

Ich war nicht immer Vater, auch Ich war einmal jung, doch mein Name hat sich nicht geändert. Weißt du nun, wer der Messias ist und war und in Ewigkeit sein wird?
Niofre, du bist Geist aus meinem Geist, Vater und Gott der Liebe, Licht und Wahrheit in Ewigkeit. Ja, so wird es sein, mein Kind!

Aber sage mir doch bitte, wie kannst du jung gewesen sein, wo du doch seit Ewigkeiten existent bist, und die Zeit in unserem Sinne es bei dir nicht gibt?

Höre, mein Sohn, wie sehe Ich in deinen Augen als Gottvater aus? Ich will es dir sagen: In deinen Augen und in vielen deiner Mitmenschen, die an mich glauben, bin Ich ein weiser weißhaariger alter Greis. Diese Vorstellung erscheint mir sinnbildlich ziemlich genau, denn Ich bin schon viele Jahre auf dieser Erde, auf allen anderen, auf jenen, die davor lagen, und auf jenen, die noch kommen werden.

Wie siehst du aus, Niofre? Welche menschliche Vorstellungskraft trifft die Wirklichkeit deines Bildes?

Höre, mein Kind, du kannst dir dein eigenes Bild von mir machen, so wie du mich gerne sehen möchtest, so werde Ich für dich in Erscheinung treten. Es kommt nicht auf das Äußere an, was Ich für dich darstelle, sondern es kommt auf den inneren Kern an. Schon einmal sagte Ich dir, du mußt auf den Kern stoßen, dann wirst du die Wahrheit erblicken. Nenne mich bitte weiterhin in den Gedanken deiner geschriebenen Worte als den Engel "Niofre", denn die Menschen können es durch ihre geschlossenen Augen noch nicht recht verstehen. Danke!

Niofre was möchtest du mir heute mitteilen, welche Prophezeiung schenkst du mir?

Deine Stirn ist heiß, mein Kind, deine Stimme schreit nach Ausgleich, dein Herz weint voller Kummer und deine Augen schwellen an. Du sollst etwas daraus lernen, denn mit dir hast du sehr viel zu tun. Deine Aufgabe ist so groß, daß du eigentlich keine Zeit für andere Dinge hast. Doch du bewältigst eine ganze Menge und darum bin Ich sehr stolz auf dich.

Ich freue mich auch darüber, daß du dir die größte Mühe gibst, denn diese ist gewiß nicht vergebens, sie bedarf nur einen Moment lang Geduld von dir, dann werde Ich dir die Suchenden schicken. Ach richtig, Ich vergaß dir zu sagen, daß bei uns der Moment ein Augenblick ist.

Daß dein Wunsch noch nicht in die Realität deiner Welt eintrat, ist nicht dein Verschulden, es liegt nicht an dir, sondern an dem Umfeld.

Die Veränderung wird für dich eintreten, wenn das Umfeld zerstört ist.

Es wird der Tag kommen, da werden sie dich aufsuchen, und die, welche sich in deinem Schatten setzen, die sogenannten Heiler oder Helfer der Menschheit, heilen auch mit den Händen, doch nicht in meinem Auftrag, nicht in meinem Namen, denn sie tun es aus Habgier, aus Liebe zum Geld, Ich werde sie vom sprichwörtlichen Weizen trennen.

Da Ich aber ein gutmütiger, sagen wir einmal, alter Greis bin, lasse Ich es noch zu, so daß auch Sie einige Erfolge aufweisen können, damit Sie die Chance zum Überleben haben. Du verstehst, die Geldnot.

Wisse, wo zwei oder mehr in meinem Namen beisammen sind, da werde Ich in ihrer Mitte sein, denn die Idee, die sie zusammenführte, ist meine Idee, und jeder wird die Botschaft verstehen, die Ich zu ihm spreche, und gemeinsam werden sie meinen Willen erfüllen.

Niofre, die Ungerechtigkeit ist wie ein Drache mit einem übergroßen Appetit. Wie kann ich das gefräßige Maul dieses abscheulichen Reptils versiegeln?

Du sollst dich ruhig halten, mein Kind. Das Unrecht, das überall geschieht, ist bestimmt, damit die Menschheit zur Besinnung kommt. Es ist eine Lernphase für jeden, der davon betroffen ist, und jeder wird daraus lernen. Ein Machtkampf zwischen den Kontinenten ist entbrannt, jeder möchte eine neue Entwicklung, eine immer bessere auf den Markt bringen, kaum einer denkt darüber nach, wie die Menschen und die Umwelt darunter leiden.
Meditiere und räume dein Bewußtsein frei für das, was wichtig ist. Befreie dich von dem sinnlosen überflüssigen Müll und sei offen für das, was wichtig ist.
Es ist dir nur dann möglich, Menschen zu helfen, wenn sie für die Hilfe bereit und offen

sind, wenn sie es nicht sind, ist jede Hilfe vergeblich.

Niofre, verstehe ich es richtig, daß das Heilungsgeschehen durch den Willen und der Bereitschaft jedes einzelnen Individuums beschränkt wird? Daß es deiner Macht der Liebe nicht vergönnt wäre zu heilen, wenn der Suchende sie nicht annimmt, bzw. sein Herz für den Strom der Heilungsenergie nicht öffnet?

Du verstehst es ganz richtig, mein Kind, denn jeder Heilende hat eine gewisse Energiequelle, die für Ihn bestimmt ist und die mit den Jahren wachsen kann. Jeder Heilende erhält von mir soviel Energie, wie er benötigt, und soviel Energie, wie er aufwendet, um selber für sich genug zu halten. Jeder Kranke erhält eine Menge Heilungsenergie, doch wenn er sich danach nicht richtet, sie sinnlos verschleudert oder durch unwürdige Gedanken schwächt, wird er damit nicht gesunden können.

Erkläre mir bitte für meine Schwestern und Brüder den Begriff "geistiger Müll".

Deinem Wunsche nach Aufklärung möchte Ich gerne nachkommen. Höre mir bitte zu: Viele

Menschenkinder belasten ihr Bewußtsein mit überflüssigen Müll, mit Dingen, die eigentlich vollkommen harmlos und überflüssig sind. Dinge, deren Bedeutung keiner Aufregung bedarf. Mit Dingen, die sie verheimlichen oder zurückhalten, obwohl sie besser ausgesprochen würden, oder mit Dingen, vor denen sie ständig den Kopf einziehen.

Bevor man irgend etwas herunterschluckt, sollte man darüber nachdenken, ob es nicht besser wäre, auch mal Dinge auszusprechen, die einen belasten. Für alle wäre es gut, wenn sie ihren Seelen auch mal Luft machen würden.

Du, mein Kind, mußt Härte zeigen und beweisen. Du bist ein eigenständiges Individuum. Du bist von mir erschaffen worden, und das, wofür Ich dich brauche, benötigt sehr viel Luft. Du hast eine Aufgabe.

Gehe deinen Weg, gehe ihn auch mit Umwegen, wenn die Hürden dir zu hoch erscheinen, und laß dich von mir führen. Höre auf, deine Angst in riesige Berge umzuwandeln, denn die Angst ist immer nur so groß wie ein Steinchen.

Wenn du bereit bist, deinen Lebenswandel umzustellen, wirst du die Steinchen nachein-

ander wegräumen können und sie zum Pflastern deines Weges benutzen.
Wenn du nicht bereit wirst, bleibst du auf einem Punkt stehen. Wo es nicht weitergeht, leidet die Seele und die Qual drückt nach außen. Ich frage dich nun, mein Kind, bist du bereit, dieses zu ändern?

Nach dieser liebenden Unterweisung, Niofre, habe ich heute eine ganz allgemeine Frage, und zwar möchte ich einmal wissen, welchen Sinn das Erscheinen des Kometen "Hyakatake", der im April, 1996 die Erdumlaufbahn kreuzte, für die Menschheit hatte, und warum du dieses Zeichen am Himmel setztest?

Laß es dir erklären, mein Kind. Vor nahezu zweitausend Jahren setzte Ich euch das erste bewußte Zeichen. Du kennst die Geschichte. Der Komet ist ein großes Kraftpotential, er ist ein Magnet, der die Erde langsam anfangen läßt, sich immer schneller zu drehen. Die Menschen begreifen nicht, was mit der Erde geschieht, sie ruinieren Stück für Stück das Land, bauen Häuser und Fabriken, jagen die chemischen Abgase in die Atmosphäre, und lassen die Erde, aus dessen Schoß sie geboren, genährt und gewachsen sind, unaufhaltsam sterben.

Doch wenn sich die Erde dreht, wird entweder eine Hitze oder eine Kälte eintreten, und die Menschen fangen an zu überlegen, ob sie der Natur nicht doch eine Chance geben, damit die Welt sich wieder regenerieren kann.

Das menschliche Bewußtsein in dieser Zeit gleicht einer Wüste, und Ich führe jene, die es wert sind, meine Offenbarung zu hören, in jenen Zustand, um sie zu prüfen und auf eine neue Ordnung vorzubereiten.

Diejenigen, die stark genug sind, den äußeren Reizen dieser Welt zu entsagen, werde Ich zu meinem Volk erheben, um die Herrlichkeit meiner Idee auszudrücken.

Jeder hat die Möglichkeit, sein Leben auf irgendeine Weise auszudrücken, zu wachsen, zu reifen, um als Frucht der Erkenntnis seine Liebe auszudrücken.

Ich versuche, jeden anzuschubsen, doch es hilft nichts, wenn die Menschen ihren Geist nicht öffnen.

Nicht sie sind schuld an dem Untergang, die Regierung ist schuld. Weil die Habgier und der Egoismus auf der ganzen Erde sich verbreitet haben, werde Ich nun eine nach der anderen heranziehen, und damit habe Ich sehr viel zu tun.

Wenn es nötig wird, werde Ich die Menschheit bis in die Armut treiben. Damit sie etwas lernt, werde Ich es tun, doch hoffe Ich, daß es soweit nicht kommen muß, denn der Untergang der Erde wäre dann vorprogrammiert.

Nur die, welche ihren Egoismus und ihre Habgier ablegen, die mit dem Wenigen noch glücklich sein können, und aus dem Wenigen viel machen, arm sind und dennoch teilen können, die werden überleben.

Niofre, worin liegt der Sinn des Kreuzes?

Es ist so wie der Horizont und so wie die Tiefe. Es weist dir einen Weg nach vorne und einen nach hinten. Es ist Symbol für die Zukunft, für die Vergangenheit, und für das ganze Sein. Für alles Leben im All.

Bete das Kreuz nur dann an, wenn du davon überzeugt bist, daß es dir Schutz gibt. Halte es in Ehren.

Aber nun, mein Kind, frage Ich dich; wirst du bereit sein, dich eines Tages oder Nachts auf den Schwingen eines Adlers zu setzen? Ich weiß, daß du es schon lange willst, doch du wirst noch von vielen Dingen festgehalten. Es gibt nur eine Tugend - den reinen ernsten Willen, der im Augenblick der Entscheidung unmittelbar sich entschließt und wählt. Hab keine Angst, Ich liebe dich!

Vernimm die weckende Stimme deiner inneren Natur, das himmlische Gewissen.

Das Sterbliche dröhnt in seinen Mauern, aber das Unsterbliche fängt an zu leuchten und erkennt sich selbst.

Wenn du wie der Adler geworden bist, wirst du den Himmel deines Wesens erobern. Wenn du mit der Kraft, die das Herz spendet, und dem Antrieb, den die Barmherzigkeit gibt, über die Häupter hinausfliegst, dann wirst du über die Welt schweben, die die Gedanken deiner Brüder und Schwestern errichten.

Doch du wirst es nicht tun, um dich von der Beute der Leidenschaft, der Habgier, und dem Egoismus zu ernähren, sondern um diese in deinem Gleitflug einzubeziehen, sie mitzureißen, und ihre Gedanken umzukehren.

Fühle sein ausgeglichenes Dahinfliegen, man könnte ihn als den König des Weltatmens bezeichnen. Wie meisterhaft verknüpft er die Flüge und wiegt dich auf deiner Suche.

Aber nun frage Ich dich, bist du nicht mehr? Könntest du nicht sogar noch höher fliegen?

Denn er muß sich noch auf dem Wind stützen und seine Schwingen auf ihm ausbreiten.

Doch du, mein Kind, wenn du dich in Gedanken erhebst, auf was stützt du dich?

Die Gedanken sind deine Flügel, um in der Luft des Geistes voranzukommen. Habe darum acht, das Gleichgewicht zu bewahren, um nicht auf dem Boden der Unentschlossenheit, der Habgier, des Egoismus, und des Hasses zu bleiben.

Wenn es nur eine Kraft gibt - die des Gewissen, dann erhielt Ich von ihr den Auftrag, einen Bruder, der sein Gewand wechseln will, an die Hand zu nehmen.

Nimm auf meinen Schwingen Platz, und Ich führe dich mit meinem Flug in die für dich noch fremden und unerkannten Ebenen des Geistes.

Schon einmal durftest du als Kind in einem früheren Leben die lebendige Weisung als Offenbarung der Poesie auf Erden verkünden. Das Licht und Schattenreich lebten durcheinander, und Sakontala, deine Mittlerin, führte dich zur blauen Blume und zum Kinde, dem Wissen über die Urwelt, der goldenen Zeit am Ende.

Eine geraume Zeit der Stille und des Schweigens sind vergangen, als ich erneut die Kommunikation mit meinem geistigen Engel aufnehmen durfte, doch heute sieht mein Engel sehr freundlich aus und ich frage Ihn nach dem Grund seiner Fröhlichkeit.

Niofre, worin liegt der Sinn deiner Glückseligkeit?

Mein Kind, Ich bin gut gelaunt, weil die Sonne heute scheint. Das Schattenlicht hat sich aufgetan. Ich habe einige Schatten über die Erde geworfen, die jetzt zum Licht erblühen. Das ist das Schattenlicht, das heute strahlt. Der Ort, an dem du arbeitest, ist voller Wissen und Kraft, du mußt diese Energie nur aufnehmen. Wandle dein Bewußtsein. Wenn deine Erscheinung zum Licht wird, wirst du in dieser Schattenwelt auffallen und dieses Auffallen bewirkt, daß die Menschen, wenn auch nur vor lauter Neugier getrieben, zu dir kommen.

In einer früheren Unterweisung nanntest Du den Begriff "Gewand". Bitte erkläre uns den Sinn und Bedeutung davon?

Das will Ich gerne tun, mein Kind. Das Gewand ist ein Teil von eurem Ich, daß ihr ablegen könnt, um euch mit einem neuen Ich zu kleiden. Jede Ebene besitzt sein eigenes Ich. Doch ihr besteigt die neue Ebene erst dann, wenn ihr wirklich bereit seit, euer Gewand, das euch zur Zeit kleidet, abzulegen.

Alles hat seine Zeit und Weise. Wenn du den Augenblick wahrnimmst und den Weg beschreitest, den Ich dir zeige, wirst du dein Gewand wechseln und auf einer neuen Ebene dein neues Ich erkennen. Das heißt, dieses Ich wird sich nicht von deinem Wesen und deiner Gestalt großartig unterscheiden, aber dein Innerstes wird sich verändert haben. Du wirst etwas in dir spüren, und du wirst lernen, damit umzugehen, um es weiter zu verwirklichen.

Aber, mein Kind, warum bist du immer so ungeduldig? Wenn du begreifst, daß es vollkommen überflüssig ist, sich Gedanken über die Zukunft zu machen, wirst du weiterkommen. Lebe den Sinn deines jetzigen Daseins, deines jetzigen Augenblickes aus. Schreite den Berg hinauf und fürchte dich nicht, denn Ich lasse dich nicht fallen. Meine Kraft reicht aus, um viele hundert Menschenseelen an dich zu hängen. Habt acht voreinander!

Niofre, eine weitere Erscheinung unserer Zeit ist die totale Vergreisung der Menschheit. Worin liegt der Sinn, daß du vielen Menschen ein sehr hohes Alter angedeihen läßt, obwohl die meisten es auf Grund ihrer häufigen Altersbeschwerden nicht mehr genießen können?

Höre, mein Kind! Die Menschheit soll es sehen, spüren und empfinden, wie es ist, wenn man alt wird, wenn man zerbrechlich wird, wenn man häßlich, runzelig und kraftlos wird, und sie sollen spüren, wie es ihnen dann ergeht, wenn die Mitmenschen gemein und egoistisch zu ihnen werden. Es ist so ähnlich wie das, was die Menschen mit der Natur anfangen. Doch die Völker der Erde begreifen es nicht, darum lasse Ich sie altern und es an ihrem eigenen Körper und am eigenen Geist erleiden, damit sie in ihrem nächsten Leben diese Erkenntnis besitzen und die Natur lieben lernen.

Niofre, wodurch wurde die Traurigkeit verursacht, die sich in den Augen deines Gesichtes, das mit Tränen gefüllt ist, abzeichnet?

Ja, Ich bin traurig und erbittert, weil die Menschheit nicht auf mich hört, und weil Ich

nicht begreife, warum die Menschen so ziellos durch die Orte der Welt laufen.
Sie vernichten die Natur und sie zerstören das Leben anderer, ohne darüber nachzudenken und ohne sich zu schämen.
Ich habe darüber nachgedacht, ob Ich dem Menschen nicht ausreichend Liebe mitgegeben habe. Ich war der Meinung, Ich hätte die Richtigen zusammengesetzt und sie an dem richtigen Ort verwiesen, doch das Blatt hat sich gewendet.
Die Menschen strahlen keine Liebe mehr aus, sie flattern in alle Windrichtungen und verstreuen nur Gift. Ich kann Sie jetzt nicht mehr erziehen, denn sonst müßte Ich sie alle zurückrufen, und die Anzahl wäre viel zu groß.
Dennoch werde Ich sie nicht strafen. Heute lasse Ich sie so existieren und leben, wie sie es wünschen, aber in ihrem nächsten Leben werden sie die Aufgaben zu bewältigen haben, die sie jetzt achtlos hinten anhängen.
Du weißt, daß du aus Liebe handeln und den Menschen helfen sollst, selbst denen, die dir nicht gut besonnen sind. Schöpfe neue Energie und Kraft aus dir selber, aus dir, deiner Liebe, deiner Zufriedenheit und deinem Glück.
Siehe dein Leben als Glück an!

Du sagtest einst, wenn wir alleine sind, werde ich dich sehen. Wie kann ich diese Aussage von dir recht verstehen lernen?

Höre mein Kind! Dieses Versprechen gilt immer noch, aber bitte nehme nicht alle Sätze von mir so wörtlich. Man kann alleine sein, obwohl man nicht alleine ist.
Spreche das Wort allein ganz langsam aus, (All-Ein) und du wirst wissen, was Ich meine.

Niofre, wähle ich nicht all meine Schicksale seit Ewigkeiten selbst? Reicht meine Selbstdisziplin, um angsterfüllte Gedanken und aufkommende Zweifel niederzuzwingen, oder bleibt es beim Versuch?

Besteht nicht immer die Gefahr, das Errungene wieder zu verlieren?

Besteht die Poesie deiner Schöpferkraft in dem höheren Ziel der Erhebung des Menschen über sich selbst?

Dient deine darzustellende Idee nicht dazu, unserem Bewußtsein die Existenz vom Reiche der unendlichen Liebe, des Friedens und der Eintracht näher zu bringen?

Waren nicht schon einmal roher Egoismus und gemeiner Eigennutz der Keim der Revolution unserer Tage?

Mein Kind, Ich habe dir jemanden geschickt, der dir helfen soll, dein Wissen, deine Geduld, dein Können und Lieben zu schulen. Achte auf deine innere Stimme und verschließe deine Augen nicht.
Es gibt Situationen, wo Augen mehr sagen als Worte. Du sollst lernen aus den Augen deiner Mitmenschen zu lesen. Die Menschen sind intelligent und empfänglich. Du bist lernfähig und auf dem richtigen Wege. Versuche dein Leben und Denken, Körper und Gefühle umzuwandeln, damit du Eins wirst. Ein Ganzes!
Wenn es dein Wunsch ist und du mich darum bittest, werde Ich dir helfen, denn du hast eine Aufgabe zu bewältigen, die Ich dir aufgetragen habe, damit du sie vollenden kannst.
Das Kind in dir wird das echte Mittlerwesen sein, daß die Natur und den Geist der Poesie verbindet, von dem eine Verwandlung aller Menschen zur Thronfähigkeit ausgeht.
Du hast die Farbe deines Kleides gewechselt. Es schimmert jetzt durch die Strahlen des Sonnenlichtes hellblau wie das Meer oder der Ho-

rizont. Du trägst jetzt die Farbe der Hoffnung in deinem Bewußtsein.

Höre, mein Kind, der Weg ist manchmal hart und grausam, doch wäre das Leben so einfach, würden alle Menschen nur Böses tun. Dieses, mein Kind, kann Ich aber nicht zulassen, und darum werde Ich immer wieder Steine werfen, die du aus dem Wege räumen mußt.

Beschäftige dich nicht mit Dingen, die unwichtig sind, und sollten sie dich betreffen, so verwandle sie in Liebe. Versuche die Probleme nach und nach auszuräumen, aber so, daß sie vollständig erledigt sind und nicht nur verdrängt wurden.

Du stehst nicht vor dem Untergang, du stehst vor dem Aufgang des Lichtes!

Warum gehst du nicht die Stufen nach und nach hinauf? Versuche nicht immer drei Stufen auf einmal zu nehmen. Versuche, dich im Lernen zu schulen, um zu begreifen, was mein Ziel ist!

Niofre, wie ist es mir möglich, die Steine aus dem Weg zu räumen?

Wehre dich, mein Kind, gegen diejenigen, die dir schaden. Setze sie in eine Ecke und warte ab, was daraus wird. Du wirst erkennen, daß sie elendig wie eine Blume ohne Wasser eingehen. Wenn du ihnen den Wind aus den Segeln nimmst und sie beruhigst, wirst du erkennen, daß sie im Grunde genommen armselige Lebewesen sind, die nur auf einer Basis agieren können, und zwar, indem sie Gewalt und Druck auf die Menschheit ausüben. Sie üben, ihren Haß auf andere zu übertragen, und sie leben davon, anderen weh zu tun.

Welche rechte Hilfe kann ich meinen Schwestern und Brüdern anbieten, ohne daß sie an ihr Schaden nehmen?

Mein Kind, warum machst du dir solche Gedanken? Die Bereitschaft, ihnen zu helfen, ist mehr als du Ihnen eigentlich geben kannst.
Der Weg, den du einschlägst, dein Behandlungsweg, wird der richtige sein, denn das ist das Ziel, die Energie fließen zu lassen. Auch wenn du deine Behandlungsmethoden anders anbringst, die Menschheit ist noch nicht bereit zu dem, was Ich dich lehre. Die nahe Zeit wird dir etwas bringen, was du dir schon lange gewünscht hast.
Die Farbe deines Gewandes hat sich erneut gewechselt, es scheint jetzt im Lichte der Sonne wie die reifen Ähren des Feldes im hellen Gelb. Diese Tönung ist das Symbol des Lich-

tes. Die Sterne leuchten gelb, der Mond und die Sonne tragen die Farbe gelb, orange und manchmal auch rot. Sie sind das Symbol für Helligkeit, sie erfreuen die Herzen und öffnen die Sinne. Die Menschen sind glücklich, wenn die Sonne scheint.

Sorge dich nicht, mein Kind, was aus dir wird. Die Entscheidung einer beruflichen Veränderung wirst du nicht tragen müssen. Trage dein gelbes Gewand mit Würde, dann wirst du den Zeitpunkt sehen und ertragen. Wenn dein Bewußtsein, dein Geist sich öffnet, sich ändert und versteht, wird sich das Materielle daraus ergeben.

Es wird kommen, wie es kommen muß. Es ist schlimm, daß die Menschheit immer vor der Zeit davonläuft, weil sie immer im Glauben ist, sie hätte zu wenig davon.

Darum bedenke es recht, denn Ich teile die Zeit ein.

Ein Gespräch zwischen Zündholz und Kerze

Es kam der Tag, da sagte das Zündholz zur Kerze: Ich habe den Auftrag, dich anzuzünden. Oh nein, nur das nicht! erschrak die

Kerze, wenn ich brenne, sind meine Tage gezählt, und niemand wird mehr meine Schönheit bewundern.

Das Zündholz fragte: Aber willst du denn ein Leben lang glatt und hart bleiben, ohne zuvor deinen Auftrag zu erfüllen, zu wirken, gelebt, geliebt zu haben?

Aber Brennen tut weh und zerrt an meinen Kräften, flüsterte die Kerze unsicher und voller Angst. Ja, das ist wahr, entgegnete das Zündholz, aber das ist doch das Geheimnis, die Berufung. Du und ich, wir sind berufen, Licht zu sein. Was ich als Zündholz tun kann, ist wenig. Zünde ich dich aber nicht an und verfehle meinen Auftrag, so verpasse ich den Sinn meines Lebens. Ich bin dafür da, Liebe und Licht zu entfachen. Und du bist eine Kerze.

Du bist da, um zu leuchten und Wärme und Liebe zu schenken. Und alles, was du als Schmerz, Leid und Kraft hingibst, wird verwandelt in Licht und Liebe. Du gehst nicht verloren, wenn du dich hingibst, dich verzehrst. Andere werden dein Feuer, deine Liebe und Wärme weitertragen. Du wirst in anderen weiterleben. Nur wenn du dich verzagst, wirst du sterben.

Da senkte die Kerze ihren Docht und sprach, "Ich bitte dich, zünde mich an."

Pamela Sommer Dickson

Jeder bekommt von mir soviel Zeit, wie er benötigt, um seine Aufgabe, die Ich ihm gestellt habe, zu vollbringen. Beschäftigt sich der Mensch mit anderen Aufgaben, wird er trotzdem nicht mehr Zeit bekommen, er wird das, was er nicht geschafft hat, in einem weiteren Dasein vollbringen müssen. So ist der Lernprozeß.
Jeder Mensch hat seine Aufgabe und jeder Mensch hat Wege in seinem Leben, die er gehen muß. Es ist ein Labyrinth von Wegen. Jeder kann sich den richtigen Weg aussuchen und versuchen, die Hindernisse zu bewältigen. Aber auch jeder Mensch kann vor seinen Hindernissen Halt machen, zurückgehen, sich einen anderen Weg aussuchen und versuchen, das nächste Hindernis zu bewältigen, oder wieder umzukehren.
Die Zeit läuft euch nicht davon, denn die Zeit spielt überhaupt keine Rolle, für keinen und für niemanden.

Niofre, wieso erkenne ich in deinen Weisungen mein tiefstes innerstes Wissen wieder, gerade so, als wäre es schon immer mein Eigen gewesen?

Es gibt Zeiten, mein Kind, da ist dein Geist offen, dann kommunizierst du mit mir unbewußt, denn Ich lebe auch in dir!

Niofre, warum klagen so viele Menschen in dieser Zeit über chronische Müdigkeit und worin liegt der Sinn von Schmerzen, die im rechten Arm lokalisiert sind?

Höre mein Kind! Ich entziehe der Erde langsam die Energie, damit die Menschheit sich besinnt, und Ich entziehe der Erde das Volumen von Sauerstoff, denn es ist nicht richtig, die Erde zu töten.
Schmerzende Arme auf der rechten Körperhälfte eines Menschen zeugen davon, daß er etwas festhält, daß er nicht loslassen möchte.
Um den leidenden Menschen auf die Notwendigkeit, es fallen zu lassen, hinzuweisen, habe Ich ihm die Schmerzen gegeben.
Sie sollen sich von ihrem Bündel der Mißachtung meiner Gebote lösen.

Für viele Menschen sind diese Schmerzen ein Lernprozeß, um etwas abzuschließen.

Andere müssen Schmerzen ertragen, damit ihre Schultern gestärkt sind, um das Leben zu tragen. Die Bürde, die Ich ihnen auferlegt habe, soll sie an die Aufgabe erinnern, die Ich ihnen auftrug.

Möchtest du nicht an dein Ziel gelangen? Lege die Last deines Alltags ab, oder laß sie gedeihen, denn sie muß wie eine reifende Frucht werden. Wie eine Blume, die beginnt zu wachsen, sich entwickelt, um dann zu blühen.

Denke über meine Worte nach, über den Sinn des Lebens, der Frucht, die gedeihen muß, die Blume, die sich zur vollen Blüte entwickelt.

Was empfindest du, wenn du etwas siehst, das blüht, oder wenn du etwas siehst, wo Leben entsteht? **Ja, es ist Freude!**

Gehe mit Freude und komme in Frieden

Die Weisheit ist ein Gebet wert, sie ist der Ausgangspunkt des Seins
Ich stehe im Licht und hinter mir zerrt die Dunkelheit.
Ich stehe im Licht und bin ganz allein.
Herr, bring' mir die Suchenden, ich bin bereit.
Ich werde den Weg gehen, der oft grausam und schwer,
meist fühl' ich mich glücklich, doch manchmal auch leer.
Ich will es vollbringen, den Suchenden Weisheit zu lehren,
um durch sie zu verändern das Sein,
das uns führt zum himmlischen Schein.
Zum Licht!

Das Saatgut

Die Sonne erwachte aus ihrem Schlaf der Nacht, als der Suchende bei einem Morgenspaziergang das Feld eines zum Ernten reifen Kornfeldes kreuzte.

Ein paar dieser prächtig anzuschauenden, goldgelben Ähren zu besitzen, veranlaßte den Wandersmann, diese zu pflücken und in seinen Hosentaschen verstaut mit nach Hause zu bringen.

Auf dem Wege in die heimatlichen Gefilde jedoch geschah ein seltsames wunderbares Treiben in seinen Hosentaschen.

Vom Lichte der Sonne angezogen und vom Magnetismus der Erde bewegt, kletterten die Kornähren aus der Dunkelheit der Beintaschen empor, um sich auf des Weges Pfad hinunter fallen zu lassen.

Als nach geraumer Zeit der Wandersmann sich seinem Ziele näherte, mußte er mit Bestürzung feststellen, daß er den Verlust seines Sammelgutes hinnehmen mußte.

Alles, was er mit nach Hause bringen konnte, waren seine leeren Taschen.

Die Pointe dieser Geschichte könnte für dich, mein Kind, damit du eifrig meine Weisung studierst, so aussehen: Alle Menschenkinder bewegen sich langsam oder schneller dem Lichte der Heimat entgegen, bzw. werden vom selbigen liebevoll angezogen. Sie bewegen sich zum Ursprung des Seins.

Auf seinem Lebensweg erhält jeder für sich von seinem Schöpfer ein Bündel, ein Säcklein mit Gut, das er vermehren muß, geschenkt.

Das wertvolle leuchtende Gut des Lebens, reif und bestimmt für die Aussaat, enthält das Leben für den neuen Tag, den neuen Morgen. Es ist die Aussaat für die kommende Zeit, für das goldene Zeitalter, das Geschenk des Himmels für die Kinder dieser Welt.

Hast du deine Aufgabe begriffen, mein Kind? Welchen Weg beschreitest du zu dieser Zeit, in deinem jetzigen Leben? Wandelst du auf dem breiten, bequemen, der von den ungläubigen Völkermassen im reißenden Strom der Zeit beschritten wird? Ist es die geteerte, ausgebaute, und vom natürlichem Leben abgeschottete, gepflasterte große Straße, auf der die Spötter, Faulenzer, Machtbesessenen, Mörder und Unwissenden eilen? Zerstampfen deine Füße das keimende Gut der edlen Gedanken und Werke?

Oder bist du bereit, mit mir den schwierigen, ungepflasterten, schmalen Pfad eines frucht-

bringenden Feldweges, auf dessen Boden der Samen von allerlei Vegetation noch eine natürliche Chance zum Wachsen hat, zu gehen?
Wir haben kein Recht noch Einfluß, den Samen unseres Geistes festzuhalten, aber wir können über gezieltes Einlenken und Reinigung unserer geistigen Ebene den Gedanken einen fruchtbaren Acker zum heilsamen Wachsen und Gedeihen bieten.
Bedenke, mein Kind, am Ende des irdischen Lebens stehen wir wie der Wanderer in der obigen Geschichte vor unserem himmlischen Schöpfer, und er wird uns mit der Waage der Gerechtigkeit messen und nach den Früchten seines Saatgutes fragen.
Das menschliche Sammelgut aus Gold und Edelsteinen, durch Habgier erbeutet und angehäuft, gewaschen, geschliffen und poliert, von den ärmsten Völkern der Erde geraubt, hat auf dieser Ebene, in der alle Menschenkinder eingehen werden, keinen Wert für die Ewigkeit.
Auf meiner Ebene des Geistes, mein Kind, zählen nur die beständigen, unvergänglichen Werte, die Ich dir zur Vermehrung bestimmt mit auf dem Weg des Lebens gegeben habe, als du nackt und bloß den Weg des Lebens auf dieser Erde antratest.

Es sind die Früchte, die den Samen der Liebe in sich tragen, und sie heißen: Gerechtigkeit, Güte, Barmherzigkeit, Fleiß, Vergebung, Glückseligkeit, Weisheit, Ehrfurcht vor allem Leben, Ehrlichkeit, Bescheidenheit und mehr.

Nichts könntet Ihr, meine Kinder, mir von der irdischen Welt mitbringen, das Ich euch nicht schon vorher mitgegeben hätte.

Die größte Freude, die eine Mensch gewordene Seele beim Übertritt auf meine Ebene mir machen könnte, ist die Vermehrung meiner fruchttragenden Saat des Guten, die Erkenntnis meiner Allgegenwart und Läuterung der Maya (Täuschung).

Meine Hütte im Herzen der Kinder des Lichts

Sei mein Kind auf dieser Erde für die von Unruhe getriebenen, unwissenden und verirrten, Mensch gewordenen Seelen, wie eine offene Kirche, sicher erhöht, auf einem Felsen der Weisheit erbaut, beharrlich und standfest gegen jeden Sturm der Zeit.
Halte dein Tor, das Herz, offen für jede nach Heilung dürstende Seele.
Sei schlicht, rein und klar in deinem Innersten. Stumm und verschwiegen wie die Steine der heiligen Stätte, die kein je gebeichtetes Wort von Hilfesuchenden nach draußen lassen.
Sei wie ein vollendeter Sakralbau, der als Wunderwerk seines Erbauers, das Bitten der Suchenden, sei es voll Trauer oder Lobgesang, über die Resonanz als Schwingung zum Höchsten nach oben trägt.
Sei gefestigt und stark in deinem Wesen als Stätte der Hoffnung und Schutzort für die verzweifelten Seelen.
Biete den Heiligen eine Wohnung in meinem Hause, das auf dem Felsen der ruhenden Glückseligkeit erbaut wurde.
Sei so wie Ich bin; ein Felsen der Hoffnung in der Brandung der Zeit.

Sei nicht ungeduldig, wenn dein Weg dir so lang, und das Ziel der Vollkommenheit dir so fern erscheint. Du redest viele Abende mit mir, doch du begreifst nicht, daß Ich dich höre. Was denkst du, mit wem du redest? Ich sehe alles, Ich höre alles, Ich fühle alles. Warum hast du kein Vertrauen, mein Kind?

Ich schickte dir einen Boten, der dich begleitet, andere haben dieses Glück nicht.

Höre, mein Kind, die Antwort auf die Frage, die dich vor geraumer Zeit bewegt hat, woran es liege, daß Gegenstände des täglichen Lebens ohne fremde Einwirkung von ihrem Platz gehoben, verrückt werden oder zu Boden gleiten, ist folgende:
Es ist die Aerodynamik. Es sind Energien. Es können aber auch Wellenlängen eines irdischen Menschen sein. Auch können es Schwingungen und Kräfte von Verstorbenen sein. Verstorbene finden oftmals keine Ruhe, dann kehren sie an dem Platz zurück, an dem sie einst gelebt haben. Wenn dieses geschieht, tritt eine Energie auf, die die Dinge im Hier und Jetzt von der Stelle bewegt und fallen läßt, weil sie hindurch gehen können. Sie selbst

spüren davon nichts. Das ist die Energie, die fließt.

Viele Seelen kommen hinunter, weil sie dort, wo sie einst gelebt haben, glücklich sind. Sie hoffen, es vollenden zu können, was sie zu Lebzeiten noch nicht vollendet haben. Andere kommen hinunter und beherrschen einige Lebende. Denke an die Genies und an die hochbegabten Künstler, Dichter, Philosophen, Ärzte und Wissenschaftler, die in einem einfachen, unstudierten Menschen plötzlich zu wirken beginnen. Du hast sicherlich von solchen Phänomenen gehört, doch es kommt auf die Seele an, und jede Seele ist verschieden. Ich ersehne mir immer nur, daß die Menschen, bzw. die Verstorbenen, ihre Aufgabe bewältigen, nichts anderes.

Niofre, du sagst, daß einige Verstorbene hinunter kommen. Leben Sie denn nicht mit uns, bei uns?

Die Seelen der Verstorbenen, mein Kind, befinden sich auf einer anderen Ebene, in einem schwerelosen Zustand. Dort werden sie auf eine neue Aufgabe vorbereitet, bzw. auf die Fortsetzung ihrer alten, noch nicht abgeschlos-

senen Aufgabe, die sie noch zu bewältigen haben, eingewiesen.
Sie verweilen einige Zeit auf dieser Ebene, bevor sie in einem neuen Körper wiedergeboren werden, aber dieses, mein Kind, geht jetzt ins kleinste Detail und Ich finde, du solltest dir nicht allzu große Gedanken darüber machen.
Deine Aufgabe ist eine ganz andere. Du hast alle Türen offen, warum gehst du nicht durch diese Türen? Du meinst es richtig, doch du tust es nicht.

Das ist der Sinn der Fehler in deinem Handeln.

Glauben heißt Wissen, und in dem Moment, wo du etwas glaubst, weißt du es.
In dem Moment, wo du etwas willst, handle.
Habe nicht immer Zweifel.

Es wird richtig sein, so wie es ist.

Niofre, hat das Böse die Macht, die Menschenseelen zu verletzen und zu quälen, für die ich die Verantwortung übernommen habe?

Niemand hat das Recht, meine Kinder zu verletzen, denn Ich allein entscheide. Ich bin in allem und in jedem, und so wie es kommt, ist es gut. Es ist ein Lernprozeß. Nimm dir nicht immer alles so zu Herzen. Es ist schön, wie sensibel und einfühlsam du bist, doch es zerreißt dir das Herz, und du wirst deinen Kampf vor lauter Mitleid aufgeben, aber nur dein Wille und Kämpfen führt dich zum Ziel. Sei nicht immer so labil, und laß dich nicht hin- und herreißen von den Schmerzen anderer, von den Gefühlen anderer.

Die Gewißheit ist da, daß es anders werden wird.

Du hast eine Aufgabe, die du erfüllen mußt.

Du mußt glauben an das, was du wirklich willst, denn das ist deine Aufgabe.

Setze deine Energie und Kraft auf die Gedanken deines Wunsches.
Ich bin da und Ich bin nah, fühlst du mich nicht? Fange an die Energie, die Kraft zu fühlen, und fange an, dich selbst zu lieben.

Deine Energie ist die Liebe.

Ich bin immer bei dir. Du kannst mich immer sehen, wenn dein Herz offen ist und deine Absichten gut sind. Wann immer du mich rufst und mit deinem Herzen offen bist, kannst du mich sehen und empfangen. Ich erscheine dir in verschiedenen Gestalten. Ich bin der Frieden in all meinen Kindern.

Jedes Menschenkind erledigt seine Aufgabe so gut, wie es ihm möglich ist. Der eine rutscht ab und der andere steigt auf, doch alles muß akzeptiert werden, denn es ist ein Lernprozeß. Was du heute nicht lernst, wird nur aufgeschoben. In einem anderen Leben wirst du es erlernen müssen, glaube daran.

Niofre, ich sehe Schatten in deinen Augen und Tränen auf deinen Wangen. Sage mir bitte was bedrückt dich und wie kann ich dir helfen?

Mein Kind, Ich habe den Eindruck, daß der Kampf des Lebens vergeblich ist. Ich habe mir Kinder erschaffen, die meinen Willen mißachten, und Ich bin nicht in der Lage, sie alle auf dem richtigen Weg zu führen. Die geistigen Gedanken reißen zu weit auseinander, so daß Ich sie wieder einfangen könnte. In dieser Welt, die von so vielen Hungersnöten, Aggressivitäten und Kriegen beherrscht wird, ist der Umfang einfach zu groß, um alles wieder an einem Faden zu bringen.

Ich fordere alle Menschen zur Umkehr auf.

Versuche, sie alle wieder zurück zu führen, zu dem ursprünglichen Ausgang meines Seins, meines Bewußtseins.
Doch die Anzahl derjenigen, die nur das Materielle sehen, erhöht sich jeden Tag. Sie entfliehen vor meinem geistigen-spirituellen Wissen, sie sind nicht einverstanden mit dem, was sie sehen, und lassen sich von der Masse mitreißen. Es nimmt überhand mit dem Terror, den Ich nie gewollt habe.
Bitte halte du die Deinigen zusammen. Versuche nicht, einen Anlaß zu finden, daß du sie im Streit oder Rache auseinanderreißt.

Jeder, der sich zu dir hingezogen fühlt, erfährt das, was Ich vermitteln will, in seinem Herzen.

Die, welche dich aufsuchen wollen, werden dich finden.

Habe Geduld und lehre den Menschen, den Glauben an sich selbst zu üben.

Jeder, der für sich, für seine Gerechtigkeit, seine Ziele, die er erreichen möchte, ansteht, der glaubt an mich.

Ruhe dich nicht aus von deiner Arbeit, und lehne dich nicht zurück, denn zurücklehnen kannst du dich erst dann, wenn du all das erreicht hast, was du erreichen willst, und wenn dir dann die Zeit zusteht, dich auszuruhen.

Solange wirst du strampeln müssen, deine Energien opfern müssen, bis du aus deinem Tief deinen Höhepunkt erreicht hast.

Doch Ich werde dir nicht sagen, wann du es erreichen wirst, denn Ich würde dir zu weit vorgreifen, und dich wahrscheinlich in deinem Tempo stoppen.

Hüte dich, mein Kind, vor Menschen, deren Seele unantastbar bleiben will. Alles, was ein bißchen an ihrer Seele anstößt, anklopft oder ankratzt, ergibt eine impulsive Reaktion, denn sie befürchten, daß man Ihnen bis auf den Grund der Seele schauen kann, und um dieses zu verhindern, reagieren sie so. Diese Menschen sträuben sich mit aller Gewalt gegen die Wahrheit.

Versuche in Gefahrensituationen stets, meine schützenden Hände über die Menschheit zu halten.

Wie du sicher weißt, fließt meine Energie durch deine Hände. Du kannst wachen über die ganze Erde.

Sieh dir die Erde an und öffne deine Augen, um die Wirklichkeit zu sehen. Manchmal verrennst du dich in Träume, du entfliehst aus der Realität und wünschtest dir in einem Traum zu versinken. Um diese Träume aber zu verwirklichen, habe Ich dir die Möglichkeit gegeben, Vergleiche zu ziehen.

Vergleiche bitte, wie es dir jetzt und wie es anderen ergeht, und dann kannst du sagen, mir geht es noch gut oder mir geht es viel schlechter.

Ich bin über deine Einsicht sehr glücklich, denn du weißt, daß es dir noch sehr gut geht, also verzage nicht und kämpfe für das, was du erreichen willst.

Versuche immer wieder, einen Neuanfang zu starten und gib nicht auf. Lehne dich nicht in deinem Stuhl zurück, um frustriert zu sein, dich auszuruhen, oder zu sagen; ich habe keine Lust mehr. Du wirst geschubst von mir.

Höre mein Kind, eines gebe Ich dir jetzt schon auf dem Wege mit, und das habe Ich dir eben in aller Deutlichkeit zu verstehen gegeben, du darfst niemals aufgeben, für das zu kämpfen, an das du glaubst. Dein Wille, deine Gedanken und Wünsche geschehen, wenn du nur genügend Energie darauf setzt; meine Energie. Darum heißt es ja auch:

"Mein Wille geschehe"

Da du ein Teil von mir bist, und Ich zu dir spreche, da du an mich glaubst und wir immer eine Verbindung darstellen, müßtest du nun endlich begriffen haben.

Niofre, warum gebietest du dem Treiben der Zerstörung nicht Einhalt?

Mein Kind, damit würden zu viele Menschen vernichtet, die dieser Planet noch benötigt. Ich befinde mich auf einer anderen Ebene, in der Wohlstand nicht wichtig ist. Auf dieser Ebene herrscht noch Frieden und Einklang. Die Ebene der Menschen, in der Ich den Frieden meiner Ebene pflanzte, wird langsam untergehen.
Würde Ich dieses verhindern, wäre die Überflutung von Macht, Gier, Haß und Neid auf meiner Ebene vorprogrammiert. Ich will verhindern, daß die nächste Ebene vom Haß und Egoismus der Menschheit besetzt wird, denn nur so kann Ich verhindern, daß die nächsten

Ebenen vom Unrat des menschlichen Geistes verseucht werden.

Meine Ebene will und muß Ich rein halten, für die, welche für Liebe und Gerechtigkeit einstehen.

Wenn diese Menschheit so weiter macht, werden nur ein paar wenige übrigbleiben. Es werden Katastrophen über Katastrophen über diese Erde hereinbrechen.

Wer wird in dieser schlimmen von Angst erfüllten Zeit bewahrt bleiben?

Ich werde die beschützen, die an mich glauben. Doch allzuviele begeben sich an einem Ort, der zum Teil als Kirche benannt wird. Sie beten dort für ihre Notsituationen, obwohl sie überhaupt keine Not erleiden. Wieder andere gehen nur dann zum Beten, wenn Ihnen ein Mißgeschick bevorsteht, und wieder andere gehen dort hin, wenn sie einen Menschen verloren haben. Dann fragen sie mich mit bösen Worten: Warum, warum ich, warum mußte es mir passieren, warum mußte ich diesen Menschen verlieren? Dort spricht der Egoismus.

Niofre, worin liegt der Sinn des Geschehens, den ich bei einem Besuch im Kloster erleben durfte?

Zu Beginn der Messe spielte die Orgel, dessen wunderbare Symphonie mit allen gezogenen Registern voll und mächtig das Kirchenschiff mit sakralem Klang erfüllte und meine Augen vor Rührung mit Tränen der Freude benetzte.
Ein Priester betrat im Gefolge seiner Brüder den Altar, und ehe er die Stufen betreten konnte, kippte er wie vom Blitz getroffen nach hinten und lag eine gewisse kurze Zeit wie ein umgekippter Marienkäfer auf seinem Panzer.
Ein schockartiges Raunen ging durch die Reihen der zum Gottesdienst versammelten Gläubigen, aber schon nach ein paar ungezählten Sekunden des an seinem Körper Gefesseltseins konnte der Priester, sichtbar geschockt vom Ereignis, seinen Dienst beginnen.
So höre, mein Kind. Ich, Niofre, sendete dir ein Signal aus. Ich gab deinen Ohren einen Klang, den du wahrnehmen solltest, und du bist diesem Klang gefolgt.
Ich rief dich und du folgtest meinen Worten. Unbewußt. Du konntest gar nicht anders. Ich werde es des öfteren tätigen, um zu sehen, in wieweit du bereit bist, meinen Worten zu

glauben. Es geschah, damit du die Weisheit erlangst. Es ist ein tief darin liegender Sinn, der damit verankert ist. Du solltest die Verbindung zu mir herstellen. Es ist ein Licht für Dich. Es war ein Licht, ein Licht, das Ich dir schickte. Doch der Priester in seiner Gier wollte dir dieses Licht nicht eingestehen, darum mußte er die Dunkelheit erfassen. Priester sind zwar gläubig, doch sie sind auch mit Egoismus besetzt. Es waren zwei Lichter, die Lichter, die deine Augen erfaßten. Die deine Augen für einen kurzen Moment mit Tränen erfüllten. Du kennst diesen Moment genau. Es war der Klang der Orgel. Es erfüllte dein Herz mit Liebe. Es war wie eine Liebeserklärung in deinen Ohren, und es zog dir durch jedes Glied deines Körpers. Du konntest gar nicht anders, außer ihr zuzuhören.

Das Licht ging von mir zu dir und der Priester begriff nicht, warum es nicht zu ihm ging. Der Priester sah dieses Licht und wollte es, darum habe Ich ihm die Finsternis geschickt.

Niofre, womit habe ich deine Liebe verdient, warum hast du mir dieses Signal geschickt?

Ich sagte dir schon einmal, mein Kind, daß Ich dir Signale sende. Es war ein Signal, das du empfangen hast, das du wahrnahmst und wogegen du dich nicht wehren konntest. Du hast es akzeptiert, ohne darüber nachzudenken, ob es jemanden stören könnte, wenn du dort hinein gehst. Du wolltest es und du konntest nicht anders. Alles und jeder hat seinen Platz auf dieser Ebene und alles, was geschieht, ist im Grunde genommen richtig. Doch die Erkenntnis daraus, die jeder einzelne für sich daraus zieht, ist das, was mich stört. Denn jeder hat eine andere Erkenntnis, und die meisten sind dem Egoismus zerfallen. Du hast es gestern vernommen, und du wirst es wieder vernehmen, und du sollst nach deinen Gefühlen handeln.

Welche Kraft erfüllt den Ort meiner praktizierenden Tätigkeit?
Wie heißt die Kraft, die Pflanzen mumifiziert?

Es ist die universale Kraft, mein Kind, die du manchmal empfängst und weitergibst. Diese Universalkraft der ewigen Energie, der ewigen Aufbereitung, die das ewige Leben schenkt, bewirkt eine Art der Mumifizierung. Sie schenkt Energie und Ausgeglichenheit.
Die lebendige Energie fließt durch deinen Körper auf die Menschen, denen du Heilung

bringen möchtest. Es ist die Energie der lebendigen Liebe, die das Leben in allem Lebendigen weiterführt bzw. weiterfließen läßt.

Niofre, worin liegt der Sinn in der körperlichen Erkrankung des Bluthochdruckes, warum muß ich zeitweise unter dieser Erkrankung leiden?

Dieser Druck in deinem Innersten soll dir zeigen, mein Kind, daß du aus deinem jetzigen Tief herausgehen sollst, bzw. deinen Lebensrhythmus ändern sollst.
Stelle dir Fußabdrücke im Sand, in die du hineintrittst, vor. Du verfolgst mit deinen Füßen, die du in die bereits vorhandenen Abdrücke setzt, einen nach dem anderen, und hinterläßt erneut Spuren im Sand. Doch es sind nicht deine Spuren und es ist nicht dein Weg.
Versuche, aus dem Mosaik herauszubrechen, dir deinen eigenen Weg zu schaffen, dich nicht lenken zu lassen von Menschen, die dich nicht verstehen, oder nicht verstehen können, oder dich nur kritisieren wollen.
Stelle dir vor, du wärst ein kleines Kind, das angezogen wird. Dieses kleine Kind kann sich noch nichts aussuchen, was es tragen möchte,

und es kann noch nicht beurteilen, welches Gewand ihm am besten steht, weil es die Auswahl der anderen Kleider noch nicht kennt, oder sie einfach nicht tragen darf, weil die Auswahl von denen getroffen wird, die der Meinung sind, daß sie die Befugnis haben, dieses kleine Kind zu unterdrücken oder zu bemuttern. Siehe, so lebst du dein Leben.

Niofre, was soll ein kleines Kind verändern, wenn es aus einer Unselbständigkeit geboren, allein auf die liebende Fürsorge seiner Familie und Umwelt angewiesen ist, und aus dieser Schablone des Lebens geformt, weiterlebt und gibt, was ihm einst als kleines Kind vererbt wurde?

Du hängst dich nur an dieses Eine, mein Kind, aber dieses Eine wird dir nur dann gelingen, wenn du um dich herum dein Leben geordnet hast, bzw. dein Leben so leben kannst, wie du es möchtest, so wie du das Bedürfnis hast, heute, morgen, und alle Zeit zu leben. Ich betone das Leben.
Mein Kind, du hast dieses eine Leben für die Aufgaben, die Ich dir auftrug. Wenn du sie nicht bewältigst, wirst du sie in deinem nächsten Leben mit hinein nehmen, doch sie wer-

den dann noch schwieriger sein. Halte dich nicht immer nur an dieser einen Situation fest, denn es gibt in deinem Leben weitaus mehr Probleme, als du dir selber eingestehst.

Würdest du heute noch einmal ein Säugling sein, aufwachsen, zur Schule gehen, einen Beruf wählen, Familie gründen, würdest du es genauso wieder tun?

Es wäre der falsche Weg, es sei denn, dein Bewußtsein hätte sich verändert, daß du es gelernt hättest, so zu sein, wie du es für richtig hältst, und daß man dich neben all den Dingen akzeptieren und leben lassen ließe.

Diese unsere Welt, mein Kind, ist grausam geworden, und die Menschen sind verbittert und ängstlich.

Ich sehe einen Sinn in deinen Räumen der praktizierenden Nächstenliebe.

Die Menschen werden kommen, sei es für die Krankheiten, zum Reden, oder vielleicht auch um ihren Frieden bei dir zu finden.

Wenn du deinen Frieden in diesen deinen Räumen findest, und er dir einen Lebensinhalt bietet, wenn du es siehst, so wie Ich es sehe, dann weißt du, wie lange du diese Räumlichkeiten aufrechterhalten sollst.

Finde du dein Leben!

Niofre, was willst du durch mich auf dieser Erde verändern?

Es ist nicht die Aufgabe von mir, liebes Kind, dir diese Frage zu beantworten, denn eigentlich müßtest du es herausfinden, weil du hier unten bist.
Du wirst geschult so wie alle meine Schüler, und du wirst genauso auf die Probe gestellt wie alle, die Ich unterrichte.
Du hast die Möglichkeit, dich von mir leiten und begleiten zu lassen.

Niofre, sollen wir das Zölibat befolgen, die Keuschheit, den freiwilligen Verzicht auf Sexualität üben, um auf dem Weg ins Licht voranzukommen?

Es ist ein Irrtum, mein Kind, denn dieses sind Gefühle, die dich entschwinden lassen. Wenn du dein Leben von oben herab anschaust, erscheint es dir wie ein Luftballon in deiner Lieblingsfarbe, und dann wirst du die Gefühle begreifen können.

Siehe ein Mönch, der sich in einem Kloster versteckt, weil er sich seinem Leben nicht stellen will, kann nicht glücklich sein, kann auch nicht leben, lieben. Er lebt auf seine Art, in einem Schema, daß Ihm vorgeschrieben wird. Bedenke, mein Kind, auch Sie haben nicht immer die Keuschheit, entweder Sie gehen heimlich zu einer Frau, oder Sie verbünden sich mit ihresgleichen Geschlechtes. Es gibt selten einen Mönch, der diese Keuschheit durchsteht, denn es sind Gefühle, die Ich euch Lebenden geschenkt habe und die Ihr ausleben solltet.

Es geschah schon einmal, daß Ich dir einen Lichtblick sendete. Ich ließ dich in die Höhe steigen. Als du oben angekommen warst, hast du nicht die Freiheit genossen die dir entgegenstrahlte? Du hattest Angst, dann bist du vorsichtig wieder abgestiegen, und als du wieder festen Boden unter den Füßen hattest, konntest du große Sprüche machen und sagen: "Nie wieder"! Hast du die Bedeutung meiner Erzählung verstanden?

Es liegt in meiner Hand, ob Ich dich trockenen Fußes über einen Bach bringe, ob Ich dich einen Felsen besteigen lasse, ohne daß

du hinunterstürzt, oder ob Ich dich durch die Lüfte fliegen lasse, damit du deine Furcht verlierst.

Niofre, worin besteht der Sinn einer Lidentzündung?

Es ist doch so einfach:

Was du nicht hören willst, wirst du nicht hören. Was du nicht sehen sollst, wirst du nicht sehen. Was du nicht sehen willst, wirst du auch nicht sehen.

Ich verschließe dir die Augen für das, was du nicht sehen willst. Es ist richtig, eigentlich sollte Ich dir die Augen öffnen, damit du siehst, und die Ohren, damit du hörst. Aber da du im Moment nur bereit bist, das zu sehen, was du sehen willst, oder das zu hören, was du hören willst, setze Ich dir ein Zeichen. Deine Gedanken und Wünsche sind richtig, doch sie sind teilweise von Zweifel geplagt. Solange, wie du diese Zweifel nicht ablegen kannst, solange werde Ich dir Zeichen schicken. Ein Zeichen nach dem anderen werde Ich dir schicken.

Niofre, verzeih mir wenn ich versuche, in deinem Sinne Menschen zu heilen, wenn ich sie lehre das Gesetz der Liebe zu beachten, wenn ich versuche, einen kleinen Teil der verirrten Seelen dir zurück zuführen.

Nun gut, mein Kind, Ich sehe ein, daß Ich mich mehr um dich kümmern muß.

Niemand wird dir etwas anhaben oder tun können, wenn Ich es nicht zulasse.

Die Entscheidungen, die du triffst, werden die richtigen sein. Doch du darfst nicht zweifeln. Sei ehrlich zu dir selber. Wenn du nur den geringsten Zweifel regst, schiebe es auf. Es wird dich immer wieder einholen, denn so geht es dir nicht verloren.
Fürchte dich nicht über die Worte, die Ich zu dir spreche, die du in deinen Träumen empfängst. Du weißt die Bedeutung selbst, je mehr du darüber nachdenkst. Fürchte dich nicht vor dem Untergang, denn noch ist es nicht soweit, und der Tod ist etwas Schönes. Er bringt dich ein Stück weiter, wenn du in meinem Sinn handelst. Verzeih mir, wenn auch Ich meine Tränen einmal nicht zurück halten konnte. Es sind Tränen der Traurigkeit und des Glückes

gleichzeitig. Ich habe die Hoffnung, daß es doch noch Wesen gibt, die an mich glauben. Lebe wohl, bis bald!

Niofre, welche Möglichkeiten habe ich, meine inneren Kräfte zu mobilisieren?

Mein Kind, die Niederlagen bedrücken dich, denn du bist nicht mit dem zufrieden, was geschieht. Du möchtest immer etwas verändern und verbessern.

Sei doch überzeugt, daß es so wie es ist, gut ist. Lerne es zu akzeptieren, daß Ich es bestimme, was und wie lange etwas geschieht. Vollkommenheit kannst du heute und jetzt noch nicht erlangen. Deine Aufgabe besteht darin, den kranken und hilfsbedürftigen Menschen zu helfen. Das ist dein Weg!

Doch du solltest bei allem nicht vergessen, auch die Zeit zu nutzen, in der du jetzt getrübt und traurig bist, um sie für deine Vollkommenheit, deiner Weiterbildung zu gebrauchen. Es ist erforderlich, daß man mal für sich alleine arbeitet. Sitzen, meditieren, über seine Fehler nachdenken, sie sortieren, sich eigene

Fehler eingestehen, sie abzubauen und sie zu ändern, zu vollenden.

Vollende deine Fehler in der Besinnung.

Es gibt Fehler, die erscheinen dir vollkommen unwichtig, andere sind gravierender. Immer dann, wenn du dich gegen etwas auflehnst, was deines Erachten nach nicht stimmt, oder nicht so ist, wie andere es behaupten, und du dich mit Händen und Füßen dagegen sträubst, solltest du darüber nachdenken, intensiv darüber nachdenken, ob nicht der oder die, die es zu dir sprachen, vielleicht nicht doch recht haben. Es ist ein Lernprozeß, der unter Umständen sehr viel Schmerz und Traurigkeit bereiten kann. Doch nur so kannst du dich freimachen und darauf vorbereiten, dich auf dem Weg der Vollkommenheit zu begeben.

Höre in dich hinein, in dein tiefstes Inneres, und was von dort heraus spricht, das wirst du tun müssen.

Auf welche Dinge soll ich zu dieser Zeit meine größte Aufmerksamkeit richten?

Es gibt drei Dinge, denen du jetzt Beachtung schenken solltest. Es ist einmal die Hoffnung, der Glaube, und die Liebe, wobei die Liebe das Größte ist und alles übersteht. Wenn du glaubst, daß du so sein kannst, wie du es möchtest, kann es hundert, oder gar Tausende mehr geben die das Gegenteil behaupten.

Du bist der, der du glaubst zu sein. Der Glaube an sich selber macht den Wert eines jeden.

Niofre, erkläre mir bitte, warum so wenige Menschen deine Hilfe suchen?

Zur Zeit erscheint es wie eine Blockade. Ich sehe nur eine Mauer. Die Menschen sehen nur eine Mauer und rennen blind durch die Gegend. Jetzt ist eine Zeit angebrochen, wo die Menschen keine Zeit haben, nur einen Blick auf irgend etwas zu werfen, außer an sich und seine Nächsten zu denken. Weil jeder dem anderen etwas beweisen will, verstehst du das?

Mein Kind, sei nicht traurig über die Situation, die an diesem Ort jetzt herrscht. Auch für dich werden wieder Lichter scheinen.

Die Lichter scheinen über das ganze Land, wenn du sie ausstrahlst. Leuchte, leuchte von innen heraus. Lerne in dich hineinzusehen, zu fühlen, das loszulassen, was dich unendlich traurig macht. Gestehe dir ein, was falsch ist, und gehe deinen Weg, auch wenn er steinig ist. Kämpfe, auch wenn du anderen manchmal damit weh tust, oder der Meinung bist, Unrecht zu tun. Nur indem du deine Steinchen aus dem Wege räumst und nicht die Hürden überspringst, nur so kannst du leuchten. Es ist nicht alles recht, was andere dir antun, nur dann, wenn du es annimmst, oder in dich aufnimmst, nur damit du anderen nicht weh tust oder sie nicht verletzt. Doch so wirst du das Leuchten nicht bekommen. Deine Augen würden trübe, du würdest trüb.

Kämpfe für das Leuchten. Ich gab dir ein Leben.

Niofre, sollen wir meditieren und Gemeinschaft feiern mit den Seelen von der anderen Ebene?

Es ist richtig, sich mit den Seelen zu vereinen.

Die, welche noch einen Körper besitzen und jene, die schon den Leib ablegen durften, sind alle deine Brüder und Schwestern.

Sie sind nicht im Geist vorhanden, sondern leben mit dir, bei dir, um dich herum, auch wenn du sie nicht mit deinen Augen wahrnehmen kannst, so sind sie doch bei dir, und sie tragen dazu bei, daß die Welt ihren Frieden wiedererlangt.

Niofre, worin liegt der Sinn des folgenden Traumes? Mit Fleischerhaken schlugen Menschen tiefe Wunden in meinen Rücken. Der Schmerz, den ich empfand, war so groß, daß ich aus meinem Schlaf erwachte.

Mein Kind, verachte diesen Traum nicht, und auch nicht die Personen, die dieses ausführten, sofern du jemanden erkannt hast. Es sind die Unwissenden, die dich verletzen wollten. Der Traum sollte dir Kraft geben, denn du hast ihn überstanden, die Schmerzen ertragen und ihn doch überstanden. Den Schmerz, der dir dein Herz zerrissen hat, der dir deine Haut zerrissen hat, du hast ihn wahrgenommen und ihn doch überstanden.

Niofre, auch für folgenden Traum hätte ich gerne die Sinnfindung erfahren. Des Nachts besuchte mich ein blondgelocktes, kleines Kind mit schneeweißem Gewandt. Es stand auf dem Fußende meines Bettes und da ich befürchtete, daß es sich verletzen könnte, streckte ich meine Arme nach dem Kind, um es schützend an meine Brust zu ziehen. Doch kaum waren meine Hände nach vorne gestreckt, löste sich dieses Kind wie ein Engel aus meinen Kindheitsträumen in Nichts auf.

Höre, mein Kind, allmählich fängst du an dich zu öffnen. Dieses Kind war der Spiegel deiner selbst. Er war rein, hilflos, weiß. Es sah aus, so wie ihr es Engel nennt. Es war dein Kind in dir.

Fange du an, so zu lernen, zu denken, zu handeln, und dich an kleine Dinge zu erfreuen wie ein Kind.

Du wirst viele deiner Steine aus dem Weg räumen können. Werde wie ein Kind, hilflos, klein, unbefangen und rein, und doch so stark, stärker als viele andere. Du wirst es verstehen, warum dieses Bild verschwand, wenn du dich so fühlst, wie du es gesehen hast. Knie nicht nieder und unterwirf dich nicht anderen.

Du darfst nicht aufgeben, für das zu kämpfen, an das du glaubst.

Niofre, auf welcher Stufe der Erkenntnis befinde ich mich zur Zeit?

Du gehst immer mehr auf die Stufe des Sehenden zu. Du befindest dich unmittelbar vor ihr. Wenn du erst angefangen hast zu sehen, wirst du den Sinn des Weges zum Wissenden langsam begreifen lernen. Doch es ist ein harter weiter Weg, und viele Aufgaben warten auf diesem Weg. Dein Gewand tendiert langsam zu rot. So rot wie der Himmel, wenn du am frühen Morgen die aufgehende Sonne siehst. Siehe, dieses Rot ist die Farbe der Liebe, die langsam wie eine Rose in dir erblüht.

Tue Gutes !

Lasse dich nicht von deinem Weg abbringen. Stärke deinen Glauben und deine Selbstachtung. Spiele nicht den Untertan vor anderen. Nimm in Demut an, jedoch gebe dem anderen zu verstehen, daß nicht er alleine wichtig ist.

Niofre, worin liegt der Sinn, daß ich einen Menschen kennenlernen mußte, der den gleichen Vor und Zunamen trägt, auf der gleichen Straße wohnt und mehr.

Es sollte dir zeigen, daß nicht der Name oder die Hülle wichtig ist, bzw. daß du mit Namen und Hülle nicht einzigartig bist.

Nur du selbst, deine Seele und dein Geist sind einzigartig. Jeder für sich alleine!

Niofre, erkläre mir bitte folgenden Traum: In einer Großstadt fand ein besonderer Gottesdienst statt und den wollte ich besuchen. Mit einem roten VW-Käfer, einem sehr einfachen und betagten PKW, fuhr ich am Hause meines alten, bereits verstorbenen Priesters entlang, wo jener mit einem weiteren Priester, der mir unbekannt erschien, nebst Ehefrau, sich gerade auf dem Weg zum Dom machten.
Nach meiner Einladung, sie alle mitzunehmen, bemerkte ich, daß sie keine Kleidungsstücke trugen. Auf dem Weg zur Großstadt sagte der mir unbekannte Priester: Ich bitte dich, fahre nicht in diese Großstadt, sondern zu einer kleineren Kirche am Rande der Stadt. Spontan billigte ich seinen Wunsche, denn ich hatte das

intuitive Gefühl, daß die Korrektur des Weges richtig sei und uns vor einer evtl. Gefahr beschützen würde.

Es ist die Einfachheit, Natürlichkeit, Gleichheit, die Ecken einer neuen tragenden Gemeinschaft. Wenn du es willst, wird es ein Gesamtbild geben, eine Gesamtheit, so wie alles im Universum vereint ist.

Nichts ist einzeln, nichts ist getrennt, es ist eine Gesamtheit.

Daß die Priester keine Kleidung trugen, kannst du heute noch nicht verstehen, aber Ich will dir mit einfachen Worten den Sinn erklären.
Du kamst zur Welt, ohne etwas zu tragen. Tragen heißt in dem Sinne, nicht nur etwas zu tragen, was deine Seele belastet, oder deinen Geist, sondern auch die Kleidung. Du warst rein und weise, so wie die Gesamtheit es sein soll. Durch deine Erziehung, durch den Unrat, den man dir als Kind mit auf dem Weg gab, ist aus dir eine Einheit geworden, und nicht eine Gesamtheit. Dieses bedeutet, daß alle und jeder einzelne sich auf dem Weg zur Gesamtheit machen muß. Es wird ein langer Weg sein, und Ich werde viele geleiten, viele werde Ich

auch zu mir rufen. Einige, weil sie das Gesamtsein nicht verstehen, weil sie in dem Egoismus untergehen, und andere, weil Ich sie benötige, um sie für andere vorzubereiten, damit sie Ihnen meine Weisheit verkünden. Warum du deine Strecke ändern mußtest? Nun, mein Kind, er hätte dich auch woanders hinschicken können. Er wollte sehen, ob du es tust, der Ort spielt dabei keine Rolle. Die Hauptsache ist, daß du es tust, und das Ziel, warum du es tust, ist positiv. Du hast jemanden damit einen Dienst erwiesen. Du hast jemanden damit ein Stück Glück beschert. Auch wenn es niemals anerkannt oder ausgesprochen wird, so wird es doch für diesen jemand ein Glück sein. Du weißt, wen Ich meine! Der Käfer diente dir als Symbol für deine Freiheit, als du jung warst, als du rein warst, als du glaubtest frei wie ein Vogel zu sein und doch gefangen in einem Käfig. Er diente dir als Schutz und Mittel, aus deiner Gefangenschaft zu entfliehen. Du hast ihn geliebt, diesen Käfer, darum erschien er dir. Vieles, was du einst geliebt hast, wird dir erscheinen. Doch nimm es dir nicht so zu Herzen, es sind Zeichen und Symbole von Mir, die dir zeigen sollen, daß es für dich auch glückliche Zeiten gab, damit du, wenn du negative Gedanken hegst oder unglücklich bist, dich an diesen Kleinigkeiten erfreuen lernst. Ich sagte dir schon einmal, daß du den Sinn des Lebens begreifen lernen mußt, daß du deine Gefühle neu aufbauen mußt, damit du nicht in der Dunkelheit versinkst. Du sehnst dich nach dem Licht und nach der Sonne, und du fürchtest dich vor der Dunkelheit. Alles das mußt du ausleben! Die Gemeinschaft wird wachsen, wenn du daran glaubst. Ich werde dich nicht zu einer bestimmten kirchlichen Gemeinschaft führen, denn Ich bin überall. Der zweite dir erschienene Priester war Jonas, dein Bruder, und er war sehr glücklich.

Jonas war ein Engel

Er hat schon viele Male auf dieser Erde gelebt. Wenn die Zeit für dich gekommen ist, werde Ich dir antworten. Ich werde dir sagen, wann Jonas wieder hier ist und woran du ihn erkennen kannst. Die Seelen kommunizieren miteinander, und auch die Seele von Jonas wacht über der deinen. Du darfst mit Jonas sprechen, doch er wird dir nicht antworten können, er wird dich jetzt nicht vernehmen, denn er bereitet sich gerade auf sein nächstes Wiederkommen vor. Höre, mein Sohn, Jonas lebte einst in einem Tempel auf einem Berg, wo er die Lehren des Gehorsams und der Einheit kennenlernte, um sein Bewußtsein für mich frei zu machen. Da sie in diesem Tempel nicht die Sprache sprechen, die du gelernt hast, wurde Jonas in einer anderen Sprache erzogen, und einer anderen Religion und Weisheit. Doch sie ergibt ein und denselben Sinn, denn Ich bin allmächtig und überall.

Nicht ihr müßt lernen, verschiedene Religionen zu verstehen, oder anzubeten, sondern Ich werde jeden Einzelnen verstehen können.

Darum ist es nicht wichtig, daß du eine bestimmte Glaubensgemeinschaft anstrebst, denn vieles, was sie dort tun, ist Heuchelei. Niemand lebt so, wie er es behauptet, sonst wäret ihr auf Erden eine Einheit. Jeder ist für sich selber da, für viele Freunde und Verwandte, doch keiner sieht seinen Bruder auf der Straße. Wenn man jemanden anspricht, dann wird man bei euch auf Erden dumm angeschaut, teilweise sogar verspottet, oder der Gegenüber, der Fremde, schweigt. Da, wo Jonas herkam, war eine Verbindung. Jonas begab sich auf dem Weg, um die Einigkeit zu erlangen.

Die Weisheit, die ihr heute Gott nennt.

Doch es gibt nur einen Allmächtigen, und das bin Ich. Jonas kann nur mein Schüler werden. Er nahm die Lehren an, und er verbreitete sie unter dem Volk. Er verbreitete sie viermal, und viermal wurde Er verstanden, und nun ist Er hier, um sich ein weiteres Mal vorzubereiten.
Höre, mein Kind, auch du wirst meine Lehren niederschreiben dürfen, denn es wird sowieso nur diejenigen interessieren, die es verstehen. Der Rest wird mich irgendwann unachtsam, als ein Buch des totalen Schwachsinns, in die Ecke schleudern, aber auch darauf bin Ich vorbereitet. Sei auch du nicht traurig darüber. Es ist nicht einfach, dieses Chaos, wie ihr sagt, zu bewältigen.

Die Zeiten haben sich sehr verändert, doch irgendwann wird es wieder wie einst sein, so sein, wie es einst war. Erst wenn die Hungersnot beginnt, wenn jeder der Letzte ist, dann werde Ich der Erste sein, und auch wenn Ich hinten gehe, gehe Ich ganz vorne, und wenn Ich vorne gehe, werden die ande-

ren, die meine Weisheit erlernt haben, mir folgen.

Niofre, im Traum besuchte mich mein Großvater, ein herzensguter, alter Greis. Er saß im Garten und erzählte, daß früher alles anders war. Es war schön seinen Worten zu lauschen. Es war ein wunderbarer Tag voller Licht und Sonne.

Höre, mein Kind! Dieser Traum sollte dir sagen, daß du auf dem richtigen Weg bist. Wenn du genau darüber nachdenkst, siehst du in dein Spiegelbild, in dem Geschehnis. Es war dein Spiegelbild, oder dein voriges Leben, du selbst.
Du wurdest geboren und starbst im Alter von acht Monaten, dann wurdest du noch einmal geboren. Mache dir Gedanken darüber. Du hattest dir dein voriges Leben selbst ausgesucht. Aber Ich war damit nicht einverstanden, darum habe Ich das Leben vertauscht. Der alte Greis ist das Bild von einem Mann, so wie du immer sein wolltest. Man sagt, daß man mit acht Monaten, oder noch früher, noch nicht die Vorstellung hat, wie man einmal sein möchte. Ich sage dir, mein Sohn, man kann es, du konntest es, und genauso hast du dir deinen Großvater erträumt und gewünscht. Was dein

Spiegelbild dir sagen wollte, mußt du selber herausfinden, denn wenn Ich dir alles sage, hast du keine Mühe mehr.

Doch die Mühe ist das, was nachher Früchte trägt.

Niofre, worin liegen Sinn und Bedeutung von traumatischen Träumen? Träume, in denen wir Leid erfahren oder mit ansehen müssen, ohne hilfreich ins Geschehen eingreifen zu können?

Laß es dir erklären, mein Kind: Es geschieht in dem Augenblick, wo du dich von deinem Körper und von deinem Geist loslöst. Du merkst es nicht, denn du bist schwerelos. In diesem Zustand bist du im Geschehen anwesend, aber nicht vorhanden, weil du schwerelos bist.

Der Traum spiegelte dir die Realität, so wie sie einst gewesen ist, wie du selbst einst gehandelt hast.

Träume sind Lernprozesse.

Durch jede Phase deines Lebens wirst du wandern, sei sie schmerzlich oder fröhlich.

Alles wirst du erfahren, und alles wirst du erlernen müssen. Es gibt Situationen, da steht man daneben und ist machtlos, und auch mit diesen Situationen mußt du lernen fertig zu werden. Höre mein Kind:

Wenn der Himmel sich öffnet, bleibt der Horizont, doch die Erde wird sich verändert haben. Wenn du dann das Antlitz im Spiegel erblickst, erschrecke nicht, denn es wird dir fremd und kalt erscheinen, doch im Kern seines tiefsten Inneren wirst du der schönste und glänzendste Stern sein, der je die Erde erhellt hat.

So war es bei allen Brüdern und Schwestern, und so wird es bei allen sein, die dir folgen. Was den Himmel und die Erde verbindet, ist der Horizont, und er wird bleiben, auch wenn er sich in deinen Augen geweitet hat. Schaue du immer nur nach vorne.

Sei bereit für die Aufgabe und gehe weiter, dann wirst du in den Regenbogenfarben deinen Weg erkennen.

Oft erscheint er dir schwer, und du bist verzagt, aber du hast die Kraft, diesen Weg zu gehen. Du wirst befreit sein, wenn du einen Schritt weiterkommst. Mit jedem Schritt, mit jeder Stufe deines Weitergehens, kommst du dem Horizont näher. Erkämpfen mußt du dir es nicht, glauben mußt du und deinem Glauben nachgehen, alle Zweifel überwinden, und in deinen Regenbogenfarben eintauchen, so wie Ich es dir auftrage.

Glaube, mein Kind, die Erschütterung wird für die, die nicht glauben, kommen. Es wird geschehen und was übrigbleibt, ist eine Luftspiegelung am Himmel.

Der Horizont ist für sie so fern. Für dich wird er ganz nah sein, wenn du tust, worum ich dich bitte.

Bitte hilf mir, die Erde zu erhalten, dem lebendigen Leben einen Sinn zu geben. Ich bitte dich darum, mache du den Anfang

Glaube mir und höre auf mich. Kein Geistlicher, der in meinem Namen spricht, spricht in meinem Namen, denn es sind Erzählungen von einigen Herrschaften, die meinem Wort immer etwas hinzufügten. Einige Geistliche sind gläubig, aber viele auch nur, nennen wir es einmal, menschlich! Glaube mir und höre auf mich.

Worin liegt die Deutung des folgenden Traumes? Es wurden mir des Nachts die Sonntagsschuhe gestohlen.

Mein Kind, du sollst jeden Tag wie einen Sonntag heiligen, und genauso gibt es keine Sonntagsschuhe. Ebenso gibt es keine Dienstagsschuhe. In deinem früheren Leben war es so, daß man Dinge besaß, die für die Feiertage bestimmt waren, und andere, welche für den Alltag bestimmt waren. Doch heute ist es nicht mehr so, denn würdest du sonst einen Anzug und Krawatte tragen, nur weil Sonntag ist?

Welchen Sinn ergibt mein folgender Traum? Russen besetzen die Tschechei.

Er hat eine tiefe Bedeutung für dich. Denn wenn du über deinen Traum mit seinen Einzelheiten nachdenkst, wirst du die Wahrheit darin erkennen. Es ist das, was noch kommen wird, doch du wirst die Wahrheit zu spät sehen, vielleicht wird sie dich auch nicht erreichen. Doch die, die davon betroffen sind, werden leiden. Ich weine und bin traurig, weil

Ich dies nicht verhindern kann. Ich kann nur auf dem einen Ende sein, auf dem anderen Ende beginnen sie, sich zu bekämpfen. Auf dem einen Ende ist der Frieden, und wenn dort der Frieden herrscht, ist auf dem anderen Ende Krieg. Die Menschen bekämpfen sich und erschießen den Bruder, ohne ihn jemals kennengelernt zu haben, ohne zu wissen, daß es der Bruder war.

Niofre, wie sind deine Worte gemeint? Gib dem lebendigen Leben einen Sinn, mache einen Anfang.

Höre, siehe es so:

Das lebendige Leben betrifft diejenigen, die noch bereit sind, auf dich zu hören, und dir folgen.

In ihnen ist das lebendige Leben. Die anderen sind schon tot, weil sie die Liebe in ihrem Herzen nicht mehr spüren können. Die Lebendigkeit ist aus ihnen gewichen, so wie das Wasser aus einem Eimer, der ein Leck hat, man wird es nicht mehr auffangen können.

Wie kann ich die Seelen zur Nachfolge anregen?

Mein Sohn, jeder Einzelne wird dich finden, der dich finden muß. Sie werden die Erkenntnis erlangen, daß der Weg, den du gehst, der richtige ist.

Wenn sie auch schon etwas Wasser verloren haben, so werden sie anfangen, ihr Leck zu stopfen, um den Rest, der ihnen geblieben ist, der Rest Liebe, der in ihren Herzen schlummert, erneut zum Leben zu erwecken.
Du findest die Erinnerung an dein früheres Leben wieder, wenn dein tiefes Bewußtsein es zuläßt. Wenn nicht, brauchst du darüber auch nicht traurig sein, denn

Ich weiß, was geschah, und zu wem Ich dich gemacht habe, was du für mich getan hast, oder auch nicht. All dieses lege Ich in die Waagschale des Lebens. Irgendwann wirst du den Ausgleich errungen haben, und du wirst die Stufen erklimmen, die dich zu dem machen, was Ich von dir erwarte.

Du wirst das Wissen erlangen, wenn du tief genug in dich hinein gehst, wirst du es spüren, und einiges wird in dir auftauchen, wovon du der Meinung bist, daß du es schon einmal gesehen, gehört, oder erlebt hast.

Niofre, worin liegt die höhere Bedeutung, daß sich meine Vision, nicht wie erwartet, manifestiert?

Mein Kind, es liegt daran, daß du deinen Gefühlen, deinen Emotionen im tiefsten Inneren noch nicht vertrauen kannst.

Du mußt deine Gefühle freisetzen!

Du lebst sie nicht aus, und durch dieses Einengen zwängst du dein Bewußtsein ein, dein eigenes Spiegelbild, dein Ich, deinen Körper und deinen Geist.

Niofre, in der Vorstellung eines Musicals, dessen Darstellung mir sehr nahe ging, hätte ich vor Rührung weinen können. Welches Gefühl machte sich in mir breit?

Du hättest vor Freude weinen können, aber du tatest es nicht aus Furcht, man könnte dich verachten. Es geschah in deinem tiefsten Inneren, daß ein Herz, das sich einst krank gefühlt hat, sich befreite, und aus dieser Befreiung heraus wuchs die Glückseligkeit, dieses Gefühl, wie du es beschriebst. Doch wieder hast du es unterdrückt, warum? Höre mein Sohn, nicht die anderen sind wichtig für deine Gefühle, du bist wichtig, um das auszuleben, was du fühlst und empfindest. Damit du Stufe um Stufe nach oben gelangen kannst, mußt du all diese Emotionen und Gefühle freisetzen, denn niemand gibt dir dieses Leben zurück, niemand gibt dir diesen Augenblick zurück, den du nicht ausgelebt hast.

Niofre, ich weiß, daß du dich in einem Saal befindest, der mit einem langen Tisch und elf Stühlen bestückt ist. Auf einem Stuhl, am Ende des Tisches empfängst du die Seelen, wenn sie mit Dir kommunizieren dürfen. Für welche Seelen sind die restlichen zehn Stühle bestimmt.

Sie waren für die, welche mich ein ganzes Leben lang begleiteten, denen Ich vertraute, sie lehrte und sie dann losschickte.

So wie Ich dir jemanden schickte. So wie es einst mit meinem Sohn geschah. Er hatte seine Apostel, Ich meine Vertrauten.

Meine Vertrauten sind verteilt auf diesem Planeten, den ihr Erde nennt, um die Menschheit ins rechte Licht zu rücken. Du warst einer meiner Auserwählten, dem Ich einen Vertrauten sandte. Die Namen der Seelen, die an meinem Tische sitzen dürfen, kann Ich dir heute noch nicht sagen. Der eine bewältigt seine Aufgaben schneller, der andere langsamer, also woher soll Ich wissen, wer als erster an meinem Tische sitzen darf? Eines weiß Ich jedoch genau, daß mein Vertrauter den Weg zu mir zurückfinden wird, und daß Ich ihn ein weiteres Mal beauftragen werde, jemanden zu führen. Höre, mein Sohn, daß du dich sehr stark mit deiner Vergangenheit beschäftigst, ist mir bekannt, aber konzentriere dich nicht zu intensiv mit deiner Arbeit auf sie.

Kämpfe sie Stufe für Stufe durch.

Die Erinnerungen werden dir dann vielleicht selbst erscheinen.

Nimm nicht drei Stufen auf einmal, um von der Geburt bis zum Tod zu gehen.

Nimm sie einzeln, und du wirst dieses Leben wie ein Film sehen. Sei doch bitte nicht immer so ungeduldig, niemand läuft dir weg, auch die Zeit nicht, denn die Zeit ist relativ.

Erstarre nicht von der unaufhaltsamen Kraft, die durch dich hindurch fließt, die dich einen Moment lang beherrscht, und dich dann wieder verläßt, denn sie wird dir nach und nach die Weisheit bringen. Die Ausmaße dieser Kraft sind dir noch nicht bewußt genug, doch mit jeder neuen Erfahrung wirst du ein Stück Weisheit ernten. Ersteige den Berg der unendlichen Ruhe und des Friedens.

Die Furcht ist dein Feind.

Er hält dich im Augenblick des Lichtblickes fest und bringt dich zu Fall. Die Erde wird in Stücke gerissen, und die Menschenwürde ist nichts mehr wert, für viele nur noch der Staub, der übrig blieb. Um sie aufzuhalten, die Welt zu zerstören, bedarf es viel Arbeit.

Wasche du nicht die Hände im Blut deiner Nächsten, sondern spende Ihnen Frieden und Heilung. Durch deine Hände, durch die Ich meine Liebe fließen lasse, für Die, die noch gläubig sind. Spende meinen Frieden.

Was du dir erträumst, ist die Wahrheit, die Wirklichkeit, nach der die Menschheit strebt, wenn der letzte Stein gefallen ist, und wenn die Hoffnung entschwindet. Teilnahmslos solltest du nicht gehen, halte Augen und Ohren offen für die Klagen, und erkenne den Kummer in ihren Seelen. Träume deinen Traum von dem, was du dir wünscht weiter.

Lerne im Dunklen zu sehen, so wie du im Hellen suchst.

Lerne zu sehen, wenn du nichts siehst, sowie zu hören, wenn du nichts hörst. Die Seelen sprechen leise zu dir, und manchmal schreien sie auch laut zu dir.
Das Fatale dieser Erde ist die Geschichte, die einst verbreitet wurde, und die Regierung der Herrschaft, die sich an die Macht gesetzt hat, um dann kleinen Seelen keine Chance mehr einzuräumen, außer sie dem Egoismus preiszugeben, ihnen ein Weltbild aufzudrängen, das sie eigentlich nicht wollen.
Wenn sie nicht zur Besinnung kommen, werden sie noch viele Male herunter müssen, um den Schutt und den Unrat zu beseitigen, den sie vor sich aufgetürmt haben.

Deine Augen sind voller Licht, um es den Menschen zu spenden. Deine Hände sind voller Licht und Kraft, um sie ihnen zu reichen.

Wenn alles zerbricht, verliere du nie den Boden unter deinen Füßen, denn er wird dein einziger Halt sein. Mein Vertrauter wird dich führen, wo immer Ich dich hinschicke.

Die Himmelskörper werden dich erwärmen und dir den Weg leuchten. Der Regen wird dich waschen und deinen Durst löschen, und die Natur wird dir Nahrung in reichhaltiger Auswahl bieten. Sorge dich also nicht, was wird! Arbeite du einfach weiter an deiner Aufgabe, der Aufgabe, die Ich dir aufgetragen habe.
Alles, was du tust, wird richtig oder auch falsch sein, aber es gehört dazu. Genauso wie es die Sonne und den Mond gibt, das Dunkle und das Helle, den Schatten und das Licht. Alles hat seinen Sinn, alles ist rechtens, wenn man nur den Ausgleich schafft.

Gib du nur nie deine stillen Räume auf oder baue dir immer wieder neue, wenn sie dir verloren gehen sollten. Lasse dir nie deine Stunden der Ruhe und des Nachdenkens rauben, denn sie gehören mir.

Zu dir spreche Ich und kehre ein in das Bewußtsein deines Geistes, um dich auf deinem Weg vorzubereiten.

Habe darum offene Augen und Ohren. Glaube an deine Illusion, die wie eine Phantasiegeschichte aufgebaut ist. Wenn du nur glaubst, wird sie Wirklichkeit. Vielleicht wirst du dich noch des öfteren umdrehen und stoppen, bevor du deinen Weg weitergehst. Vieles wirst du hinter dir lassen, und vieles wirst du verlassen. Vieles wirst du dabei auch verlieren, aber nur mit deinen Gedanken, denn höre, mein Kind, nichts kann man verlieren, weil einem nichts gehört.

Es ist alles nur geliehen von mir.

Auch du hast dich nur geliehen, damit deine Seele ihre Aufgabe vollenden kann. Verwandle dich nicht mit dem menschlichen Egoismus und Gedanken. Lerne die Welt so zu sehen, aber nicht so zu handeln.

Die Lehre mein ist richtig!
Alles was ist, ist nur, weil es mit allem kommuniziert.
Nichts ist für sich selbst. Ein jedes hat seine Existenz im Anderen.

Dalai Lama

Niofre, worin liegt der Sinn der Sinnlosigkeit?

Es gibt keine Sinnlosigkeit.

Alles hat seinen Sinn, selbst das, was für euch Menschenkinder sinnlos erscheint, hat einen Sinn.

Niofre, worin liegt der Sinn, daß Menschenkinder, die sich einer Brustamputation unterziehen mußten, an geschwollenen Glieder der Extremitäten leiden müssen?

Diese Menschenkinder kannst du nicht heilen, mein Sohn. Sie können sich evtl. selbst heilen, wenn Ich ihr Denken, Handeln und Bemühen,

auf dem richtigen Weg zu kommen, anerkenne. Doch meist bemühen sich nur die wenigsten darum. Sie erleiden einen Stau, der verursacht, daß die Energie nicht fließen kann.
Es gibt viele Menschen, die ohne irgendwelche Amputationen dicke Finger, Hände, Arme, Füße und Beine bekommen, bei ihnen steht die Energie still.
Dann gibt es welche, bei denen fließt die Lebensenergie und trotzdem leiden Sie unter geschwollenen Extremitäten, weil die Energie über dem Scheitelpunkt fließt.
Du weißt, es gibt im Umfeld dieses Krankheitsbildes Menschen, die nie geben konnten, die nur nehmen, verlangen und erwarten. Sie klagen dem anderen ihr Leid und möchten ihn damit greifen.

Niofre, mit welchen Mitteln läßt sich die Seuche BSE bekämpfen, einengen, bzw. vernichten?

Höre, mein Kind, der Zeitpunkt ist noch nicht gekommen, um es den Menschen zu zeigen. Sie haben nicht begriffen. Wir sprachen schon einmal darüber und Ich sagte dir, daß es nicht recht sei, Tiere zu töten, sie aber nicht zu verzehren.

Man sollte nicht mehr Tiere töten, als man verzehren kann, denn der Überschuß wird einfach weggeschmissen, und nicht einmal der Hund auf der Straße würde ihn fressen, weil er schon stinkt und modert. Also wo zu ist es notwendig, zwei Tiere zu töten, wenn du nur eines benötigst, um dein Leben zu sichern? Es ist die Habgier der Menschen, die den Überblick verlieren, weil sie in ihrer Gier nichts mehr sehen, denn keiner würde mehr vom Leben haben. Mit diesem Geschehen, was Ich nun angedeutet habe, öffne Ich vielen Menschen die Augen. Wieder andere haben Angst um ihr Leben. Es werden nun viele Tiere den Weg des Außersinnlichen gehen. Sie werden getötet, doch sie werden wiedergeboren. Es geschieht nur, damit die Menschen etwas begreifen. Hast du etwas begriffen?

Ich sagte dir schon einmal etwas, daß der Regen dich wäscht und deinen Durst stillt, und die Natur dir Nahrung bietet im Überfluß. Wenn du alleine wärst, würde eine Taube genügen, um dich zu sättigen, wenn dir das Verlangen käme, Fleisch zu essen. Wenn du eine Familie ernähren müßtest, würde euch ein Kaninchen reichen. Wenn du eine größere Vereinigung sättigen müßtest, würde euch ein Hirschbock reichen. Und so sollst du es sehen, und die Menschen mögen es hoffentlich bald auch erkennen und sehen. Erst dann wird es vernünftig werden, denn viele Tiere sind vom Aussterben bedroht. Die Züchtung der Tiere geschieht nicht nach den Regeln der Natur, sondern per Automat. Wenn das alles seinen natürlichen Weg wieder geht, wird die Welt wieder natürlich sein.

Niofre, erkläre mir bitte, was das Böse ist? Einst sagtest du mir, es sei mit den Menschen auf dieser Welt entstanden, und daß wir die Aufgabe hätten, es durch die Vernichtung der Unwissenheit vom Ganzen zu reinigen.

Schaue, mein Sohn, es gibt nichts Böses, was nicht auch gut ist.

Für den einen ist es böse und für den anderen ist es gut. Dieses zu erklären und dir begreiflich zu machen, fällt Mir sehr schwer, denn du müßtest es längst wissen.

Höre mein Kind, du fängst nun an zu begreifen, daß du Eins werden mußt mit mir.
Aber um zu fühlen, was Ich fühle, zu hören, was Ich höre, und zu sehen, was Ich sehe, bedarf es noch eines langen Weges. Doch kleine

Teile meines Daseins ertastest du schon heute und du nimmst Anteil an meinem Dasein. Du fängst an die Dinge klar zu sehen, die geschehen werden.

Heute rede Ich noch in Rätsel, denn du wirst einige Dinge, die Ich dir eben sagte, nicht begreifen, weil dein Horizont, deine Wahrnehmung noch nicht so weit geschult ist. Wenn du Fragen hast, dann frage, doch heute ergründe erst dein jetziges Leben.

Hier ist eine Aufgabe, die Ich dir als nächstes geben werde, wenn du weiter fortschreitest. Im Moment ist es nicht deine Aufgabe in deinem vergangenen Leben herum zu wühlen. Natürlich könnte Ich dir sagen, wer du einst warst, du geboren und gestorben bist. Doch ist das wirklich für dein jetziges Dasein so wichtig?

Höre, mein Kind, wenn die Zeit gekommen ist, wirst du eines deiner früheren Leben wiedererkennen. Du wirst zu dem Ort reisen, an dem du dich einst sehr wohl gefühlt hast, und die Erinnerungen werden dir erscheinen. Doch jetzt, mein Kind, kümmere dich um die Aufgabe, die Ich dir gab. Du kennst sie sehr genau.

Deine Aufgabe besteht darin, daß du weise wirst, dich vom Sehenden zum Wissenden entwickelst, damit du die Menschen auf den richtigen Pfad führen kannst.

Diejenigen zu erkennen, die nach Wahrheit suchen, ist nicht einfach, denn es gibt Menschen, die bereits auf dem Pfad zu Mir sind, und Menschenkinder, die eher auf dem Weg zum Anderen sind. Du verstehst sicher, was Ich meine.

Deine Aufgabe ist es auch, Liebe und Güte über die Menschheit zu bringen.

Doch paß auf, es gibt viele, die dich hassen, einige, welche dich dirigieren und besitzen wollen, die dir die Luft zum Atmen rauben, und andere, die dich lieben.

Deine Güte sollte ausreichen, um ihnen all das zu zeigen, was du tief in deinem Inneren verspürst. Fange an du zu sein, und lebe dein wahres Ich.

Du bist Ich!

Denn das, was Ich verkünden werde und immer verkünden wollte, ist die aufrichtige Stärke, die aufrichtige Liebe und der Glaube an das Gute.

Darum bitte Ich dich, denke genau über Meine Worte nach. Es wird alles geschehen, so wie ich es dir bereits gesagt habe.

Die Zeit rückt immer näher.

Alles wird zur richtigen Zeit, am richtigen Ort geschehen!

Niofre, womit ist die jugendliche Akne zu heilen?

Es sind die Unreinheiten des Körpers und des Geistes, die ausbrechen, die sich einen Weg nach außen bahnen. Der Unrat, der auf der Seele des Menschenkindes liegt, von dem sie keine Kenntnis besitzen, und der Unrat, den sie zeitverteilt in sich hineinschaufeln, all dies bahnt sich einen Weg nach draußen. Ohne die Mithilfe des einzelnen wird dein Mühen auf Besserung vergeblich sein. Was du tust, ist richtig, doch Sie müssen selber wollen und dazu beitragen. Sie müssen anfangen, das heraus zu bringen, was Ihnen schon seit langer Zeit wie ein Klotz im Magen steckt. Es wird eine

Zeit lang dauern, bis Sie von dem Unrat gereinigt sind.

Niofre, ein Bruder empfahl mir ein Mittel, das zum Schließen von offenen Beinen mit Erfolg eingesetzt werden kann. Kann ich damit einem Menschenkind helfen?

Mein Kind, auch dieses Mittel wird seine Wirkung zeigen, wenn dieser Mensch bereit ist, seinen Giftstrom loszulassen, ihn fließen zu lassen, sich zu reinigen, den Wert der Hilfe anzuerkennen. Schon einmal sagte Ich dir, daß jenes Kind den Wert nicht zu schätzen weiß. Wenn es sich nicht bemüht, wird es seine Beine verlieren. Es wird kein Zurück geben. Dem Menschenkinde waren seine Beine nichts wert.

Es ist ein warmer Sommertag im Juli 1997. Ich sitze über meinem Manuskript des sich in Arbeit befindlichen Werkes "Niofre", und ich behandle meine Schriftstellerei als ein Bildungswerk, das ich mit großer Sorgfalt durchdenke und bearbeite.
Für jede Kritik meiner Arbeit bin ich dankbar, aber der Beifall eines guten Freundes übertrifft meine Erwartung und läßt mich über mich selbst hinauswachsen, so daß ich die Kraft be-

komme, den Weg ins Licht weiter fortzuschreiten. Die hohe Kunst, Mensch zu werden, und ein exemplarisches Leben zu führen, war mein eigentliches Ziel.

Es geht mir darum, das verborgene Gute im Menschen sichtbar zu machen, und sie der Leitung und Führung des höheren ursprungsbewußten Geistes anzuvertrauen, damit über die Bewußtwerdung des Geistes eine Welterneuerung bewirkt werde.

Mit hohen Erwartungen und gesteigerter Kraft, den Kopf voller Ideen, beginne ich erneut, mit meinem Schutzgeist ein Gespräch zu führen.

Niofre, wodurch erkennen wir-ich, daß der Weg, den wir beschreiten, uns zur Korrektur zwingt? Zeigt sich uns der eingeschlagene falsche Weg über ein Gefühl der inneren Unzufriedenheit?

Ja, das ist das, was euch zum Wahnsinn treibt, was dich hochjagt, oder etwas in dir hochjagt, und was sich wieder senkt. Es ist das, was sich in dir staut, was du nicht hinausläßt. Du hältst etwas krampfhaft fest. Es sind deine Gefühle,

die sich ihren Weg nicht bahnen können. Die nicht hinaus können, damit du deine Einheit, deine Ausgeglichenheit, dein Einssein zwischen Körper, Geist und Seele bilden kannst.
Du wirst es über lang oder kurz zulassen müssen. Du wirst dich auch wehren müssen, sonst wirst du deinen Weg nicht weitergehen können. Dann wirst du an einer Stelle stehen bleiben und dich unwohl fühlen, dich einsam fühlen, dich schwach fühlen, und all dies wird dich nicht weiterbringen.
Du darfst Schwäche zeigen, du darfst auch Schwäche in dir fühlen sowie Kummer und Leid nach außen bringen. All dies ist wichtig für deine Ergänzung, für dein Einswerden.

Niofre, deine Lehre beinhaltet kein trockenes intellektuelles Wissen, sondern offenbart über das praktizierende Tätigsein deine Kraft, um den Befreiungspfad zu gehen. Während ich über deine Worte nachdenke, durchdringt mich das Fluidum einer Rose und ich spüre die Nähe deiner Unendlichkeit in mir.
Deine Allwissenheit ist wie ein sprudelnder Brunnen, ein unerschöpflicher Reichtum an segensreichen Gedanken und Worten, die das glimmende Feuer der kindlichen Neugier im-

mer weiter entfacht, und so möchte ich dir eine weitere Antwort auf eine Frage entlocken.
Im Traum ging ich mit einer mir sehr gut bekannten weiblichen Person, die seit kurzer Zeit erst in der anderen Ebene lebt, durch eine Stadt spazieren. In einem Kaufhaus ließen wir uns Handtücher und Kinderkleidung zeigen, die sich bei näherer Betrachtung als Strohkleidung entpuppte, so daß wir es bei dem Kauf der Hand.- oder Badetücher beließen.

Höre, mein Sohn, was brauchst du, wenn du geboren wirst? Die Gedankengänge sind der natürlichen und menschlichen Logik entsprungen, doch meine sind richtig.
Wenn du zur Welt kommst, wird für dich alles bereit sein. Die Kleidung, die du tragen sollst, wird bereit liegen. Du kommst ohne Hemd und Hose zur Welt, so rein und nackt, wie Ich dich hinunter schicke. Der Gedanke von dir, ihr die Aussteuer, oder Geschenke zu bereiten, beruht nur darauf, was wichtig ist, wenn sie ankommt. Handtücher, Badetücher, oder auch Laken, sie werden benötigt. Doch Kleidung ist unnötig, denn sie würde niemals in Kleidung geboren. Also schenkte Ich dir im Traum die Kleidung aus Stroh, die für dich zweckent-

fremdet und vollkommen sinnlos erschien. Verstehst du das, was Ich dir sagen möchte? Diese kleine Seele wird bald wieder einen Platz im Weltlichen finden, doch noch ist es nicht soweit.

Dir, mein Kind, hatte der Traum nur zu sagen, daß man all das, was man verliert, auf irgendeine Art und Weise wiederfindet oder wiedersieht.

Bei all den beeindruckenden Zeugnissen, die du, Niofre, mir bisher geschenkt hast, möchte ich dich fragen, ob ich über Verbesserungsvorschläge die Arbeit meiner Kollegen sichern und dem Abwärtstrend Einhalt gebieten kann?

Mein Kind, sieh den Sinn deines Vorhabens darin, daß niemanden deine Meinung interessiert, jeder spielt für sich alleine. Diese Firma, die du gerne als eine Familie, als eine Gemeinschaft formen würdest, wird nicht gesunden, nicht durch deine Initiative. Gesunde du in dir. Als Ich dir einmal sagte, daß du anfangen sollst, deine Tätigkeit zu lieben, meinte Ich nicht, daß du deine Umgebung lieben sollst.

Gleichgültig, wo du dich befindest, sei es draußen oder in einem riesigen Werk, du sollst das lieben, was du tust, und nicht das, was du damit bezweckst, denn es werden immer einige sein, die es als Mißachtung deiner Aufgabe sehen werden.
Einmal wollen sie etwas aufgedeckt wissen und ein anderes Mal geheim halten. Du mußt es abwägen und versuchen, die Situation zu erkennen, für dich selbst ist es nicht wichtig, was dort geschieht. Gib dir keine Mühe, den Betrieb durch deine positiven Gedanken zu verbessern oder zu heilen. Irgendwann wird es eine Gemeinschaft geben, aber sie wird nicht da sein, wo du sie dir jetzt erhoffst.

Niofre, du bist zu meinem Ich geworden. Ich bin Geist aus deinem Geist, und bevor wir in dieser Welt der Erscheinungen ins Leben traten, existierten wir bereits als Geist. Der Geist kann ohne den Menschen existieren, aber der Mensch nicht ohne Geist. Erwecke das Bewußtsein des Geistes im Menschen und sage bitte, welche Bedeutung der Besuch meines geistigen Bruders für meine Entwicklung hatte?

So höre, mein Kind. Dein Bruder hat sein geistiges Auge schon sehr weit geöffnet und besitzt die Fähigkeit, einige Dinge, die du noch nicht wahrnimmst, zu sehen. Er hat erkannt, daß er mit seinem Wissen und Glauben einiges verändern kann. Da er dir ein Bruder sein möchte, hat er beschlossen, einen Teil seiner Kraft und seines Glaubens hier bei dir unterzubringen, in der Hoffnung, daß deine Hoffnungen und Wünsche bald bestätigt werden können.

Du weißt, daß es viele Menschen gibt, die sehr krank sind, weil sie ihre Aufgabe nicht annehmen. Auch ihnen gab Ich die Aufgabe zu erkennen und zu glauben, um den Weg zu dir zu finden. Doch Sie haben ihn noch nicht gefunden und darum müssen Sie leiden. Wenn sie den Weg zu dir finden und ihr Bewußtsein dadurch ändern, daß sie das annehmen, was du ihnen sagst, werde Ich sie heilen, daß heißt, du wirst sie durch mich heilen.

Aber dieses, mein Sohn, braucht dich nicht nachdenklich zu machen, denn du kannst heilen durch mich und das kann nicht jeder.

Höre, mein Sohn, wenn du glaubst, deine Hoffnung nicht verlierst und deine Zweifel beiseite schiebst, werde Ich dir helfen. Du mußt geduldig sein, denn deine Ungeduld ist ein Märtyrer, der tiefe Wunden in deiner Seele hinterläßt.

Habe Vertrauen zu dir und deinem Bruder. Du mußt die Dinge, die du tun willst, vollständig ausführen und jeden Zweifel vernichten.

Jeder Gedanke, der dich durchflutet, kommt aus mir heraus. Hast du mich verstanden?

Es wird geschehen, wie es geschehen muß.

Wenn dein geistiges Auge oder Gehör die innere Stimme vernimmt, die dir sagt, daß du werben mußt, wird es geschehen. Wenn dein geistiges Auge und Ohr offen genug sind, wirst du Dinge wahrnehmen, die du nicht verstehen kannst, die dir wie ein Rätsel vorkommen, doch du wirst sie tun.

Höre, mein Sohn, du willst etwas über deine wahre Herkunft erfahren, weil du dich selbst erkennen möchtest. Immerzu glaubst du, daß du nicht gut bist. Vielleicht glaubt dein Unterbewußtsein, daß du nicht gut bist, und um der Wahrheit willen willst du sehen, ob du gut oder böse bist. Ob das, was dich zeugte, dir vielleicht eine schwarze Kappe mitgab, eine schwarze Seele, die dich auf diesem Planeten Erde, so wie du ihn nanntest, nicht existieren lassen will oder kann, das ist das, was dicht drängt und bedrückt.

Höre, mein Sohn, du mußt dir nichts, aber auch gar nichts von diesem annehmen. Gleichgültig, wie die Wahrheit aussieht und vergiß nicht, vergiß es niemals, du bist eine eigene Persönlichkeit. Du bist von mir erschaffen, so wie du bist, und mit einer Lernaufgabe in die Welt der Erscheinungen getreten, so wie Ich sie dir aufgetragen habe. Wie auch immer dein wirklicher Großvater hieß, es gibt noch einen, aber dieses wäre nun für heute zuviel, denn er ist nicht wie du. Nur ein Teil seiner Gene, seines Blutes fließt durch deine Adern, aber nicht seine Gedanken. Verstehst du das?

Niofre, sage mir bitte wie groß ist meine Nähe zu Dir? War ich in deiner Dimension, auf deiner Ebene, als mein Herz in der Nacht eine Zeit lang aufhörte zu schlagen?

Mein Kind, du bist mir sehr nahe, schon durch die Tatsache bedingt, daß du mit mir sprechen kannst. Aber auch so bist du mir sehr nahe, weil du sehr viel über das Wort, das Ich verkünde

....

Niofre, wo bist du? Warum hast du die Unterredung mit mir abgebrochen? Niofre, bitte komm zurück! Was ist geschehen, dachte ich so bei mir und rief wie ein Kind, das für eine Zeit lang von der liebenden Mutter verlassen wurde und das Angst vor dem Alleinsein hat.

Mein Kind, es tut mir leid. Ich mußte mich einen Augenblick von dir entfernen, weil eine kleine Seele den Weg zu mir fand. Ich wollte sie aber noch nicht bei mir behalten und habe sie wieder zurückgeschickt und bin nun bei dir.
Es ist richtig, denn in dieser Nacht, wo dein Herz eine Zeit lang stillstand, warst du mir wohl sehr nahe, aber nur für einen Augenblick. Es ist oft der Wunsch von dir gewesen, wenn du einst träumtest. In der vergangenen Nacht trat er im Traum zu dir, dieser Wunsch. Du hast ihn nicht erfassen können, denn so winzig erschien er dir, daß er wie eine Feder an dir vorbeiflog, ehe du dich versehen konntest. Ich wollte dir einen Einblick gewähren in

das, was sein wird, wenn du nicht mehr die Seele mit deinem Körper kleidest. Doch dann sprang ein Funken der Hoffnung auf Leben über und der Keim des Wunsches, nicht sterben zu wollen, ging auf. Dieses, mein Kind, erfreute mich sehr und deshalb schickte Ich dich zurück. Doch eines sage Ich dir noch, du mußt mehr auf deine Organe achten und verweigere ihnen nicht alles. Es gibt Dinge, die nicht gut für dich sind, und Dinge, die an deinem Körper gebunden sind. Halte nicht alles, was du schlecht nennst, für schlecht, denn jeder Körper reagiert anders auf die Substanzen, die man ihm zuführt. Achte auf deine Fette, doch entziehe sie deinem Körper nicht restlos. Was du deinem Körper manchmal zu wenig zuführst, ist Zucker. Hin und wieder braucht der Körper Zucker. Nehme viele Vitamine zu dir und achte auf genügende Flüssigkeitszufuhr.

Dein Gewandt leuchtet nun in der Farbe deines Bewußtseins. Es hat sich von rot nach orange verändert. Wie die Frucht eines Baumes durch die wärmenden Strahlen der Sonne ihren Prozeß der Reifung beendet, so soll auch deine Seele in der Vollendung ihres Reifens fruchtbringenden Samen in sich tragen.

Gern, mein Kind, erkläre ich dir ein wenig von dem, was geschieht, wenn eine Seele die Reise zu mir antritt.

Wenn du die Ebene des Grobstofflichen, deine körperliche Hülle, verläßt, wird es für einen Moment finster, ehe du in ein helles Licht schwebst. Du hast das Gefühl schwerelos zu sein. In diesem Zustand fühlt man nichts, man hört nichts, nur dieses Licht, das sieht man. Aber es ist nicht so, als daß du es mit den Augen, die du jetzt besitzt, wahrnimmst, sehen könntest, sondern es ist dein geistiges Auge, daß dieses Licht erkennen wird. Wenn du lange auf dem Weg zu diesem Licht bist, zulange, wirst du die verstorbenen Seelen hören und sie werden dich führen, begleiten und einweisen in diese neue Ebene, und irgendwann werde Ich dann an dich herantreten und dich vorbereiten auf deine nächste Reise.

In deinen Gedanken lese Ich die Frage, welche Aufgabe im nächsten Leben auf dich wartet, doch diese Antwort werde Ich dir heute, zu dieser Zeit noch nicht kundtun.

Ich habe nicht vor, dir dein nächstes Leben schon jetzt preiszugeben, denn du würdest dich auf dieses Leben nicht genug konzentrieren.

Lerne aus allen Dingen, die das Leben dir schenkt, Glücksgefühle zu entwickeln.

Bibliographie

Das unpersönliche Leben
Verlag - Dem Wahrem - Schönen - Guten
Bietigheim / Württ. 1995

Novalis Heinrich von Ofterdingen
Insel Verlag Frankfurt am Mainz 1982

Novalis
Rowohlt - Verlag 13. Auflage 1996